世界少年文学
经典文库 | 升级版

任溶溶——主编

中国成语故事

季静 王增坤 / 编写

全国优秀出版社 ·杭州
浙江少年儿童出版社

图书在版编目(CIP)数据

中国成语故事/季静，王增坤编写. —杭州：浙江少年儿童出版社，2021.11(2023.7 重印)
(世界少年文学经典文库：升级版/任溶溶主编)
ISBN 978-7-5597-2421-2

Ⅰ.①中… Ⅱ.①季… ②王… Ⅲ.①汉语－成语－故事－少年读物 Ⅳ.①H136.3-49

中国版本图书馆 CIP 数据核字(2021)第 052305 号

世界少年文学经典文库　升级版
中国成语故事
ZHONGGUO CHENGYU GUSHI
季静　王增坤/编写

责任编辑	黄晨屿
美术编辑	鲍春菁
装帧设计	Bao 米花
插图绘制	孙国双
责任校对	马艾琳
责任印制	孙　诚

浙江少年儿童出版社出版发行
地址：杭州市天目山路 40 号
杭州富阳美术印刷有限公司印刷
全国各地新华书店经销
开本 880mm×1230mm　1/32
印张 9.875
字数 182000
印数 10001－15000
2021 年 11 月第 1 版
2023 年 7 月第 2 次印刷
ISBN 978-7-5597-2421-2
定价：27.00 元

(如有印装质量问题，影响阅读，请与承印厂联系调换)
承印厂联系电话：0571-63251742

前言

所谓成语，是人们长期以来习用的、形式简洁、意思精辟的定型词组或短句，是汉语的重要组成部分。它是劳动人民在长期的生产生活中，创造出来的独特的语言表达方式。经过历代人们不断地使用和提炼，成语逐渐成为一种精练的语言材料，用于口头和书面表达。

成语具有结构定型、意义精辟、形式简洁的特点。汉语的成语大多由四个字组成，一般都有出处。有些成语从字面上就比较容易理解，如：老马识途、乐极生悲、一字千金等；而有些成语，则必须了解其来源或典故，才能明白它所蕴涵的意思，如：杯弓蛇影、鸡鸣狗盗、负荆请罪等。

成语作为劳动人民对生活经验和自然规律的概括，随着社会历史的发展，在实际使用的过程中，逐渐被赋予了许多新的内涵，有的成语甚至已经和原来的本义相反了，如：打草惊蛇、尔虞我诈、出尔反尔等。因此，只有准确地理解成语的意义，才能恰当灵活地使用它，为自己的口头交际和书面行文增添文采和活力，否则就容易因错用成语而闹出弄巧成拙、贻笑大方的笑话。

成语的来源，大多是民间传说、历史典籍、文学著作。很多成语的背后，都有一个个生动鲜活的故事。通过阅读成语故事，可以更深入地理解成语，更灵活地运用成语。本书精心选择了两百多则常用成语，按照音序排列，根据其出处典故，用现代汉语编写成简明生动、通俗易懂的故事。每则成语故事后面，还附上了该成语的释义，以便于读者理解和应用。

  中国成语源远流长，成语故事浓缩了丰富的历史知识，具有浓郁的文学色彩，是中华民族的文化瑰宝。阅读中国成语故事，不仅可以增加古代社会政治、军事、文化、民俗等各方面的知识，还能从中学习、借鉴前人的智慧和经验，更好地应对实际生活中面临的问题。因此，对于青少年读者而言，阅读中国成语故事，是一项继承传统文化、提升语言智慧、增长自身才干的有益有趣的学习活动。

季静 王增坤

目录 | contents

A

爱屋及乌 / 001
安步当车 / 002
按兵不动 / 003
按图索骥 / 004
暗度陈仓 / 005

B

百闻不如一见 / 007
百折不挠 / 008
班门弄斧 / 009
半途而废 / 010
抱薪救火 / 011
杯弓蛇影 / 013
背水一战 / 014
鞭长莫及 / 016
标新立异 / 017

别开生面 / 018
宾至如归 / 019
兵不厌诈 / 020
捕风捉影 / 022
不耻下问 / 023
不可救药 / 024
不入虎穴，焉得虎子 / 025
不学无术 / 026

C

沧海桑田 / 028
察言观色 / 029
乘风破浪 / 030
乘人之危 / 031
成也萧何，败也萧何 / 032
出尔反尔 / 033
出类拔萃 / 034
出奇制胜 / 035

出言不逊 / 036

唇亡齿寒 / 038

此地无银三百两 / 039

D

打草惊蛇 / 041

大公无私 / 042

大器晚成 / 043

大相径庭 / 044

大义灭亲 / 046

呆若木鸡 / 047

道不拾遗 / 048

道听途说 / 050

得过且过 / 051

得陇望蜀 / 052

东施效颦 / 053

对牛弹琴 / 054

对症下药 / 055

多多益善 / 056

E

尔虞我诈 / 058

二桃杀三士 / 059

F

防微杜渐 / 061

放虎归山 / 062

风马牛不相及 / 064

风声鹤唳 / 065

奉公守法 / 066

釜底抽薪 / 067

负荆请罪 / 068

G

改过自新 / 070

高山流水 / 071

高屋建瓴 / 072

各得其所 / 073

功败垂成 / 075

功亏一篑 / 076

狗尾续貂 / 077

姑妄言之 / 078

顾左右而言他 / 079

刮目相看 / 080

管中窥豹 / 081

广开言路 / 082

过河拆桥 / 082

H

害群之马 / 084

邯郸学步 / 085

含沙射影 / 086

鹤立鸡群 / 087

鸿鹄之志 / 088

后顾之忧 / 089

后来居上 / 090

后生可畏 / 091

狐假虎威 / 092

囫囵吞枣 / 094

画饼充饥 / 094

画龙点睛 / 095

画蛇添足 / 096

火树银花 / 097

祸起萧墙 / 098

J

机不可失 / 100

鸡鸣狗盗 / 101

嫁祸于人 / 102

兼听则明，偏信则暗 / 103

江郎才尽 / 104

姜太公钓鱼，愿者上钩 / 105

狡兔三窟 / 106
揭竿而起 / 108
嗟来之食 / 109
竭泽而渔 / 110
借花献佛 / 111
噤若寒蝉 / 112
近水楼台 / 113
惊弓之鸟 / 114
井底之蛙 / 115
九牛一毛 / 117
居安思危 / 118
鞠躬尽瘁 / 119
举棋不定 / 120
卷土重来 / 122

K

开诚布公 / 124
开卷有益 / 125

刻舟求剑 / 126
口蜜腹剑 / 127
口若悬河 / 128
脍炙人口 / 129
旷日持久 / 130
困兽犹斗 / 131

L

滥竽充数 / 133
老当益壮 / 135
老马识途 / 136
老生常谈 / 137
乐不可支 / 138
乐不思蜀 / 139
乐极生悲 / 141

M

买椟还珠 / 143

毛遂自荐 / 144
门可罗雀 / 146
门庭若市 / 148
名落孙山 / 149

N

南柯一梦 / 151
南辕北辙 / 153
鸟尽弓藏 / 154
宁为玉碎，不为瓦全 / 156
弄巧成拙 / 157

O

呕心沥血 / 160

P

旁若无人 / 162
抛砖引玉 / 163
披星戴月 / 164
皮之不存，毛将焉附 / 165
匹夫之勇 / 167
平易近人 / 168
破釜沉舟 / 169
破镜重圆 / 171
扑朔迷离 / 172

Q

齐大非耦 / 174
奇货可居 / 175
歧路亡羊 / 176
杞人忧天 / 177
气壮山河 / 178
黔驴技穷 / 180
巧夺天工 / 181
巧取豪夺 / 182
请君入瓮 / 183

罄竹难书 / 184
趋炎附势 / 186
曲高和寡 / 187
犬牙交错 / 188

R

人言可畏 / 190
忍辱负重 / 191
任人唯贤 / 192
如火如荼 / 194
如鱼得水 / 195
如坐针毡 / 196
孺子可教 / 197
入木三分 / 198

S

塞翁失马 / 200
三顾茅庐 / 201

三令五申 / 203
三人成虎 / 204
三思而行 / 206
杀鸡取卵 / 206
上行下效 / 207
神机妙算 / 208
声东击西 / 210
盛气凌人 / 211
食不甘味 / 212
拾人牙慧 / 214
舐犊情深 / 215
势如破竹 / 216
视死如归 / 217
守株待兔 / 218
双管齐下 / 220
水落石出 / 221
水深火热 / 222
司空见惯 / 223

死灰复燃 / 224
四面楚歌 / 226

T

谈笑自若 / 228
探囊取物 / 229
叹为观止 / 230
螳臂当车 / 231
螳螂捕蝉，黄雀在后 / 232
桃李不言，下自成蹊 / 233
天经地义 / 235
天涯海角 / 236
天衣无缝 / 237
同仇敌忾 / 239
同甘共苦 / 240
同室操戈 / 241
投笔从戎 / 243
退避三舍 / 244

W

亡羊补牢 / 246
望梅止渴 / 247
望洋兴叹 / 249
危如累卵 / 251
唯命是听 / 252
尾大不掉 / 253
为虎作伥 / 254
无可厚非 / 255

X

先发制人 / 257
先入为主 / 258
项庄舞剑，意在沛公 / 259
胸有成竹 / 261
休戚相关 / 262
悬梁刺股 / 263

Y

睚眦必报 / 265
揠苗助长 / 267
叶公好龙 / 267
一败涂地 / 270
一鸣惊人 / 271
一木难支 / 272
一诺千金 / 273
一钱不值 / 274
一丘之貉 / 275
一网打尽 / 277
一叶障目 / 278
一字千金 / 279
以卵投石 / 281
异军突起 / 282
因势利导 / 283
有恃无恐 / 284

愚公移山 / 285
约法三章 / 288
月下老人 / 289
运筹帷幄 / 291

Z

朝三暮四 / 293
枕戈待旦 / 294
郑人买履 / 295
知彼知己 / 296
指鹿为马 / 297
纸上谈兵 / 298
中流砥柱 / 299
忠言逆耳 / 300
众叛亲离 / 301
众志成城 / 302
自惭形秽 / 303
自相矛盾 / 304

A

爱屋及乌

商朝末年，因商纣王荒淫残暴，周武王在军师吕尚以及弟弟周公、召公的辅佐下，联合诸侯讨伐纣王，很快攻克商朝都城朝歌。纣王自焚，商朝灭亡。

周武王感到天下并未安定。一天，他问吕尚："应该怎样处置旧朝商纣王的部下？"

吕尚回答说："我听说，爱一个人，就应该'兼爱屋上之乌'（连带爱他屋上的乌鸦）；如果恨一个人，同时也应憎恶他家的墙壁篱笆。纣王作恶多端，你可以把他的那些部下全都斩尽杀绝。"

周武王不同意这么做。

召公上前说："有罪的要杀，不让他们留下残余力量；无罪的则应该让他们活命。"

周武王觉得还是不太合适。

周公提出自己的看法："我认为应该让他们各自回家，

耕种自己的田地。君主不应当偏爱自己旧时的亲友，而应用仁政感化天下。"

周武王听了非常高兴。他听取了周公的建议，让那些人回家种田，自谋生路。天下很快就安定下来。

成语"爱屋及乌"便是由"兼爱屋上之乌"发展而来的。

【释义】

爱屋及乌：因爱其人，连带喜爱停在他屋上的乌鸦。比喻因喜爱某人而连带喜爱与他有关的人或物。乌：乌鸦。

安步当车

战国时期，齐宣王召见隐士颜斶。

齐宣王坐在殿堂上，命颜斶上前来。颜斶却站着不动，反而对齐宣王说："你到我面前来！"

齐宣王对他的无礼异常愤怒。旁边的大臣也纷纷指责颜斶胆大妄为。颜斶不慌不忙地说："我上前是趋炎附势，而大王上前则是礼贤下士。"

齐宣王忍着怒气问："到底是君王尊贵，还是贤士尊贵？"

颜斶从容对答："当然是贤士尊贵。历史上，英明的君王都十分尊重有才能的人，决不自以为是。"

齐宣王见他说得有理，就改变了态度，要拜颜斶为师，而且许诺他天天有肉吃，出门有车乘。

颜斶谢绝道："山里的玉一旦雕刻成器物，就丧失了原有的美。我这样的乡野之人，如果做了官，就会失去原有的纯真。我情愿回到乡下去，过闲适的隐居生活。肚皮饿了再吃饭，会像吃肉一样香；把安闲地散步当作乘车，会心情舒畅；不犯罪就可以说是尊贵；洁身自好，过清静的日子，自己就很快乐。"说完，他就告辞回去了。

【释义】

安步当车：指把慢步行走当作乘车。安步：慢步行走。当：当作。

按兵不动

春秋时代，弱小的卫国因不愿听命于晋国，就与齐国结盟，断绝了和晋国的关系。晋国执政大夫赵简子无法容忍卫国的背叛，准备发兵攻打卫国。出征前，他先派大夫史墨去卫国了解情况，限他在一个月内返回。

但是史墨去了半年才回来。赵简子问他为何去了这么久，史墨便详细汇报了他了解到的情况："现在卫国国君很开明，辅佐他的贤才众多。孔子也去了卫国，他的弟子子贡帮卫灵公出谋划策。卫国被治理得井井有条，深得民心。而且卫灵公对国人说，晋国命令卫国，凡是有两个女儿的人家，都要抽送一个到晋国做人质，百姓对此极为愤慨，一致表示要与来犯的晋军决一死战。如果我们想用武力使卫国屈服，恐怕要付出很大的代价。为了谋求利益反受其害，这样的事情不如不干。"

赵简子听了史墨的介绍和分析，觉得他言之有理，便按兵不动，以等待适当的时机。

【释义】

按兵不动：止住军队，暂不行动。原指控制军队暂不行动，以等待时机。现在也比喻接受命令后不肯行动。按：止住。

按图索骥

春秋时，有个擅长鉴别马匹的人，人称伯乐。他把相马的知识和经验写成了一本书，叫《相马经》。书中图文并茂地介绍了各类马匹。

伯乐的儿子熟读了这本书后，以为自己学到了父亲的本领，便拿着《相马经》，到处"按图索骥"（对照书本，四处寻找良马）。

一次，他见到一只癞蛤蟆，它的前额刚好与《相马经》中好马的特征相符，他便以为自己找到了一匹千里马。他连忙跑回家告诉父亲："我找到了一匹千里马，只是蹄子稍微差了点。"

伯乐见儿子如此愚蠢，简直哭笑不得，就戏谑地回答道："这匹马太会跳了，不容易驾驭。"

【释义】

按图索骥：按照图像去找好马。原比喻机械地照搬书本知识，死守教条。后多比喻按照线索去寻找事物。索：寻找。骥：良马。

暗度陈仓

秦朝被灭后，项羽做了西楚霸王。因为忌惮刘邦的势力，项羽让刘邦去偏僻的山区当汉王。刘邦为表示自己无意与项羽争夺天下，便命令士兵将一路上经过的栈道都烧掉，使项羽放松了对他的戒备。

到了南郑，刘邦的大将韩信说："要想夺取天下，必须先攻打关中。"

刘邦采纳了韩信的主张，加紧做攻打关中的准备。为了麻痹对方，他们故意派了几百名士兵去修栈道。

项羽的将领章邯听说这件事后，哈哈大笑，说道："等栈道修成，不知要到何年何月。"

不久，章邯得到急报，说刘邦借着修栈道作掩护，已经暗中绕道，打到陈仓。章邯仓促迎战，但已经来不及了，结果大败。章邯被逼自尽。

刘邦一鼓作气，带兵攻下了关中。

【释义】

暗度陈仓：原指作战时在正面迷惑敌人，而从侧面突然袭击的战略。后来也用以形容明里虚张声势，暗中悄悄行动，达到目的。

B

百闻不如一见

西汉宣帝时期，羌敌入侵。汉宣帝召集群臣商讨对策，问谁能领兵前去抵御敌人。

七十六岁的老将赵充国自告奋勇，愿意担当这个任务。

汉宣帝向他询问用兵之计。赵充国说："百闻不如一见。用兵很难在遥远的地方计划好。我愿意亲自到实地调查后，再确定攻守计划，向陛下奏明。"

汉宣帝应允。于是赵充国带领一队人马渡过黄河。他捉来羌人的俘虏，问明敌军内部的情况，又仔细侦察了地形和敌军的部署，然后制订出了派兵屯守、整治边境、将羌人分化瓦解各个击破的方案。

汉宣帝看了赵充国的奏折，采纳了他的方案，很快就平定了边境。

【释义】

百闻不如一见：听见一百次，还不如亲眼一见。指多听还不如亲自见到更可靠。闻：听见。

百折不挠

东汉有一位叫乔玄的官员，品行端正、疾恶如仇。

有一次，乔玄生病在家，一伙强盗在他家门口绑住了他十岁的儿子，让他拿钱来赎，遭到他的愤怒斥责。

闻讯赶来的官兵将乔家团团围住，但因为担心强盗会杀害乔玄的儿子，所以迟迟不敢行动。

这时，乔玄激愤地喊道："难道我会因为顾及儿子的性命，而放过这伙强盗吗？"他催促官兵们不要迟疑，赶快动手。

最后，这伙强盗被捉住了，乔玄的儿子却被强盗杀害。人们敬重乔玄的大义，为他写下了这样的碑文："有百折不挠，临大节而不可夺之风。"

【释义】

百折不挠：形容意志坚强，不管经受多少挫折，决不屈服退缩。折：挫折。挠：弯曲。

班门弄斧

鲁班是春秋时著名的工匠。据说曾经有人在他门前舞弄斧头,吹嘘自己手艺高超,结果被人耻笑为不知天高地厚。

相传唐代大诗人李白晚年在采石江上游玩时,见清澈的江水中月影浮动,就情不自禁俯身去捞,以致堕水而亡,死后被埋在采石矶。因此很多文人墨客都来此地凭吊李白,在李白的墓上题满了诗句。

明朝进士梅之涣游访采石矶时,见到李白墓附近繁多的凭吊诗文,觉得这些题诗的人太自不量力了,竟然在诗仙李白的墓前舞文弄墨。于是他就在这些诗句旁题诗讽刺道:"采石江边一堆土,李白诗名高千古。来来往往一首诗,鲁班门前弄大斧。"意思是说:在大诗人李白的墓前题诗,就好比在著名巧匠鲁班的门前舞弄斧头。

【释义】

班门弄斧:比喻在行家面前卖弄本领。班:鲁班,我国古代的巧匠。

半途而废

东汉的乐羊子,有位十分贤惠的妻子。

一次,乐羊子偶然在路上捡到一块金子,他欢欢喜喜地把它拿回家,交给妻子。他以为妻子肯定会很高兴。没想到妻子见了金子,并没有表现出愉悦的神色,而是说:"我听说有志向的人宁可渴死也不喝盗泉的水,宁可饿死也不接受别人吆喝着施舍的食物,更何况是捡拾别人丢失的东西呢?这么做是会玷污品行名节的。"乐羊子听了,羞愧不已,连忙把那块金子送回原处。

后来,乐羊子辞别妻子,去远方拜师求学。一年后,他回到家里。妻子问他怎么这么快就回来了。乐羊子回答:"我出门时间长了,有些想家,所以回来看看你。"

妻子一听他这话,就拿起一把刀,走到织布机前,指着机子上的绢帛说:"这些绢帛是一根丝一根丝织出来的,一寸寸地日积月累,才能织成一丈乃至一匹。现在如果我把它割断,就会前功尽弃,以前花费的工夫都会白白浪费了。读书也是同样的道理,你每天获得新的知识,不断地积累,完善自己。如果半途而废,和割断这正在织的绢帛有什么区别呢?"

乐羊子被妻子深明大义的话深深感动了，于是离家继续去完成学业，一直到七年后，学成之后才回家。

【释义】

半途而废：半路停下来不再前进。比喻做事中途停止，不能坚持到底。废：停止。

抱薪救火

战国后期，魏国受日益强大的秦国侵略，连连战败，被秦国占去了很多土地。当秦国再次出兵，逼近魏国都城大梁时，魏王见魏军接连败北，形势危急，心中十分恐惧。大臣段干子劝魏王将南阳割让给秦国，以求秦国罢兵，换取暂时的和平。

主张合纵抗秦的谋士苏代劝阻魏王说："侵略者都贪得无厌。把土地割让给秦国以求和平，就好比抱着柴草去灭火，柴不烧完，火是不会灭的。魏国的土地不割完，秦国的进犯就不会停止。只有联合其他国家合力抗秦才是真正的出路。"

但是魏王没有听从苏代的意见，还是割让了南阳，向秦国求和。

魏国最终被秦国所灭。

【释义】

抱薪救火：抱着柴草去救火。比喻用错误的方法去消除祸害，反而使祸害扩大，变得更加严重。薪：柴草。

杯弓蛇影

汉·应劭《风俗通义·怪神》中记载了这么一个故事：

有一年夏天，县令应郴在家中设宴，请主簿杜宣来饮酒。

在应郴家厅堂的北墙上，悬挂着一张红色的弓。杜宣端起酒杯正要喝酒时，由于光线折射的缘故，酒杯中映出了弓的影子，隐隐约约看上去，好像酒中有条蛇。杜宣心里一阵恶心，但因为是上司请酒，他不敢推辞，所以只好硬着头皮勉强喝下去。

喝完酒回家后，杜宣越想心里越不舒服，感觉那条蛇已经随着酒进入了他的肚子里，正在蠕动，随之他感觉整个腹部都很疼痛。家里人连忙为他请医问药，但他的病情没有任何好转。

应郴听说杜宣在自己家饮酒后就得了怪病，心里不由得有些纳闷——酒杯中怎么会有蛇呢？

他坐在厅堂里，反复回想当日的情形，忽然注意到墙壁上挂着的那张涂着红漆的弓。他猜想杜宣所谓的杯中的"蛇"，可能就是弓的影子。于是应郴拿着一杯酒，坐在杜宣当时所坐的位置上，果然发现杯中有弓影浮现，恍若蛇形。

应郴于是再次把杜宣请来，让他还坐在与上次相同的位置上。应郴指着杯中的蛇影，让杜宣看墙上的弓。杜宣这才明白原委，如释重负，病很快就好了。

【释义】

杯弓蛇影：将映在酒杯中的弓影误认为蛇。比喻因错觉而疑神疑鬼，自己惊吓自己。

背水一战

汉王刘邦手下的大将韩信，善于指挥作战，常常出奇制胜。在攻取了关中后，韩信接着率军往东攻打赵王歇。

在韩信部队的必经之路上，有一个叫井陉口的山口。赵国的李左军建议，一边派兵堵住井陉口，一边派兵从后面切断汉军的粮草辎重。这样，韩信缺少了后援，必定会战败。但是大将陈余却不同意他的意见,而是倚仗兵力雄厚,坚持从正面与汉军交锋。

韩信了解到敌军的情况后,命令部队在离井陉口三十里外的地方扎营。半夜时,他只让将士们简单地吃了点东西,告诉他们等打了胜仗再饱餐一顿。接着,他故意命少数军队背靠河水排列阵势,引诱赵军来战。随后,他又派两千轻骑兵抄小路赶往赵军营地,命令他们待赵军离营作战时,迅速冲入赵军军营,换上汉军旗号。

双方展开激战后,汉军假装败阵,退到河边阵地,赵军全部离营追击。韩信便命主力部队全力出击。此时,退至水边的士兵因为再无退路,也勇猛地向敌军反攻。赵军见形势不利,准备撤退回营,却见军营中已插遍汉军旗帜,这下赵军完全乱了阵脚,溃散而逃。汉军大获全胜。

庆祝胜利时,将士们问韩信为何让他们背水排阵。韩信笑着说:"兵法上说,置之死地而后生。正因为背水而战,没有退路,士兵才不会逃散,而是拼死作战。这样才能取得胜利啊。"

【释义】

背水一战:背靠江河作战,没有退路。比喻处于绝境中,为求生路而决一死战。

鞭长莫及

春秋时,楚国派大夫申无畏出使齐国。途经宋国时,按外交礼节,应公开向宋国请求借路放行。但楚国自恃强大,轻视宋国,没有打招呼,使者就越境而过。宋国一怒之下将申无畏捉住杀了。

楚庄王闻讯后十分气愤,立即举兵攻打宋国。宋国连忙派人向晋国求援。晋景公决定出兵援宋。大夫伯宗却持反对意见,他劝阻晋景公说:"楚国正处在强盛时期,我们不能与它争战。俗话说,鞭子虽然长,但不应该打在马腹上,因为马腹不是鞭子可以抽打的地方。而楚国也不是可以攻打的对象。您还是忍耐一下吧。"

晋景公觉得他说得有道理,就打消了出兵的念头。

"鞭长莫及"由"虽鞭之长,不及马腹"演化而来。

【释义】

鞭长莫及:原指鞭子虽长,但不应该打到马腹上。后借指能力达不到。及:到。

标新立异

东晋时，人们都认为庄子的论著内容深奥，难以琢磨。其中《庄子》中的首篇《逍遥游》，更是研究的难点。晋代的向秀、郭象曾先后为《庄子》做注释。许多读书人苦心研读，但得出的结论都无法超越郭象、向秀的见解。

有个叫支道林的佛教学者对《庄子》的研究颇有心得。有一次，他在洛阳白马寺与护国将军冯怀聊天时，谈论到《逍遥游》，居然能够"标新理于二家之表，立异义于众贤之外"，即提出了一种不同于郭象、向秀之说的新见解。他的见解是众多的学者苦思冥想都未能得出的。

于是，后人开始引用支道林的见解来解释《逍遥游》。

【释义】

标新立异：原指提出新主张，立论与众不同。现在也指敢于打破旧条框，勇于改革创新的精神。标：揭示，写明。异：不同的，特别的。

别开生面

唐太宗即位不久，为表彰二十四位开国功臣，命大画家阎立本在凌烟阁画上了他们的画像。这些画像惟妙惟肖，神采逼真。当时曾轰动京城。

到唐玄宗时，历经几十年的岁月侵蚀，这些画像的色泽已经模糊暗淡了。唐玄宗听说曹操的后裔曹霸擅长画人物和马匹，便命曹霸进宫，将这些画像复原。

曹霸认真研究了史料，对原有的肖像画仔细研究，精心描摹，使这些画像重放光彩，并呈现出崭新的风貌。唐玄宗看了十分满意，封曹霸为左武卫将军。

但后来因为一件小事，曹霸又被削职为民。"安史之乱"爆发后，曹霸流落到成都，靠在街头卖画维持生计。

诗人杜甫了解到曹霸的不幸遭遇，甚为感慨，就写了一首题为《丹青引赠曹将军霸》的诗送给他。诗中有这样两句："凌烟功臣少颜色，将军下笔开生面。"

成语"别开生面"就是由"笔开生面"转化而来的。

【释义】

别开生面：笔下画出生动的面貌。比喻开创新的局面、风格或形式。生面：新的面目。

宾至如归

春秋时，郑国的大夫子产，曾当过多年相国，执掌郑国政权。

公元前542年，子产奉郑简公的命令，带着许多礼物出访晋国。当时，正遇上鲁襄公逝世，晋平公借口为鲁国国丧致哀，没有迎接郑国使者。于是，子产就命令随从拆掉了晋国宾馆的围墙，然后驱车直入。

晋平公闻报，吃了一惊，便派大夫士文伯到宾馆去质问子产。士文伯说："我国是诸侯的盟主，各诸侯国前来朝贡的官员众多。为了保障来宾的安全，我们特意筑起高高的围墙，修建了这所宾馆。现在你们把围墙拆了，其他来宾的安全怎么保障？我们国君想知道你们这么做的意图是什么。"

子产回答说："郑国是小国，需要向大国进献贡品。因此我们带着本国搜集的财宝前来朝贡，不巧碰到你们的国君没有空，既见不到他的面，也不知道觐见的日期。我听说过去晋文公做盟主的时候，自己住的宫室低矮狭小，接待诸侯的宾馆却造得又高又大。宾客到达以后，事事有人负责照应，能很快献上礼品。晋文公能和宾客休戚与共，有不明白的，他会给予指导解答；有困难的，他会提供帮助。宾客来到这里，就如同回到自己家里一样，不用害怕灾祸，不用惧怕盗贼，也不用担心干燥或潮湿。可是现在，晋国的宫室占地好几里，提供给诸侯宾客的却是奴隶住的屋子。宾馆的门车子进不去，接见也没有确切的日期。我们又不能翻墙进去，不拆掉围墙的话，要是让这些礼物风吹日晒了，那就是我们的过失了。如果让我们进献礼物，我们愿意把围墙修好再回去。"

士文伯把情况向晋平公做了汇报，晋平公听了感到十分惭愧，马上安排接见子产。晋平公不仅隆重宴请了子产，赐了丰厚的回赠礼物，还下令立刻重新建造宾馆。

【释义】

宾至如归：客人到这里，就像回到自己家里一样。形容主人待客热情、周到，来客感到满意。宾：客人。至：到。归：回到家中。

兵不厌诈

战国时，**魏**将庞涓率军进攻韩国。韩王向齐国求救。

齐王派田忌为将，孙膑为军师，进攻魏国都城大梁，以使庞涓从韩国撤兵回援国都。孙膑听说魏军撤兵，就命士兵每天减少做饭的灶的数目，第一天挖十万个灶，第二天挖五万个灶，第三天只挖了三万个灶。庞涓以为齐军兵力已大大减弱，就率少数骑兵追击。结果在马陵道中了孙膑的埋伏，兵败自杀。

东汉时，驻守武都的虞诩率领几千人马，到甘肃与羌人作战。行军的路上，他命令士兵每天增修炉灶，足足修了几万个。有人问他："孙膑当年每天减灶，而你却每天增灶，这是为什么？"

虞诩回答："用兵打仗要善施计谋。我这样做是为了迷惑敌人，让他们以为我们天天增加兵卒。这么一来，敌军虽然比我们人多，但也不敢来追击我们。减灶是故意示弱，增灶则是故意示强，情况不同，对策当然也不同。"

羌人果然中计。虞诩取得了胜利。

【释义】

兵不厌诈：指用兵打仗时不以欺骗为过，要尽可能地采用计谋迷惑敌人。厌：嫌恶。诈：欺骗。

捕风捉影

晚年的汉成帝非常迷信鬼神，每年都花很多钱请巫师举行祭祀活动。许多向汉成帝上书谈论神鬼仙道的人，都轻易地得到了高官厚禄。

光禄大夫谷永是个忠臣。他对汉成帝说："对于明白天地本性的人，不能用神怪去迷惑他；懂得世间万物之理的人，不会被行为不端的人蒙蔽。现在有些人宣扬神仙鬼怪、长生不老等事情。听他们洋洋洒洒一大堆好听的话，好像马上就能见到神仙似的，其实都只不过是在追逐虚无缥缈的东西，什么也不会得到。陛下切不可听信那些巫师的胡言乱语，以免扰乱朝政。"

汉成帝认为谷永言之有理，于是渐渐收敛了祭祀活动。

【释义】

捕风捉影：如同风之不可捕，影之不可捉一样。比喻虚妄的事情。也指说话做事毫无事实根据。捕：追逐。

不耻下问

按照春秋时的习俗，君主或者有地位的人死后，后人会给他另起一个称号，叫谥号。

卫国大夫孔圉，虚心好学，为人正直。他死后，被授予谥号"文"，所以后人又称他为孔文子。

孔子的学生子贡对此有些疑问，他认为孔圉也有不足的地方，于是就去问孔子："孔文子凭什么可以被称为'文'呢？"

孔子回答："敏而好学，不耻下问，是以谓之'文'也。"意思是说，孔圉聪慧机敏、勤学好问，不以向职位比自己低、学问比自己差的人请教为耻辱，所以可以用"文"字作为他的谥号。

【释义】

不耻下问：指不以向地位、学识比自己低的人请教为耻辱。耻：以为……是可耻的。下问：降低身份请教。

不可救药

西周末年,周厉王骄奢淫逸,残酷剥削人民。百姓纷纷起来反抗。

面对周王朝政权摇摇欲坠的局势,忠臣凡伯极力进谏,希望周厉王改变暴政,拯救国家。可是周厉王不听他的谏言,一些当权的大臣也嘲笑凡伯,说他昏庸无能、不识时务。

凡伯气愤难平,就写了一首长诗来表达自己焦灼的心情。诗的大意是:不是我年纪老了,才说这样的话,你们别拿它取笑我——你们坏事做得太多,忧患越积越多,就像燃旺了的火焰,已经没办法救了。

不出凡伯所料,公元前842年,起义的百姓攻入都城,冲进王宫,周厉王仓皇出逃。西周从此衰落下去。

【释义】

不可救药:病势严重,无法医治。比喻某人或某事物坏到无法挽救的地步。药:治疗。

不入虎穴，焉得虎子

东汉时，班超奉命出使西域。他们首先来到鄯善国。鄯善王对他们十分敬重，热情周到地招待他们。可没过多久，鄯善王的态度忽然变得冷淡起来。原来，在班超等人与鄯善王商定邦交的过程中，匈奴国也派密使来到鄯善国，暗中挑拨鄯善国与汉朝的关系。因此鄯善王开始犹豫不决。

班超察觉到这个情况后，认为必须除掉匈奴密使。他对部下们说："咱们不远千里来到这里，为的就是建功立业。如今匈奴在暗中捣乱，使得鄯善王对我们的态度有所改变。如果鄯善王把我们抓起来送给匈奴，我们非但不能完成任务，恐怕连尸首也难以保全。不入老虎洞，就捉不到小老虎。我们只有趁着黑夜，偷袭匈奴使者的营房，一举消灭他们，才能挽回局面。"

当天夜里，班超带领三十六位勇士，潜入匈奴使者的营地，趁着风势点起大火。顷刻间，战鼓齐鸣，杀声四起。匈奴人猝不及防，全被杀死了。

第二天，班超再去与鄯善王谈判，鄯善王得知事情的原委，对班超又敬佩又惧怕，马上表示愿意与汉朝友好邦交。

【释义】

不入虎穴，焉得虎子：不进老虎洞，怎么能捉到小老虎呢？比喻只有迎难而上，才能获得成功。现在也比喻不经历艰苦实践，不能获得真知。焉：怎么。

不学无术

西汉大将霍光对汉室忠心耿耿、尽心尽力，先后辅佐汉武帝、汉昭帝、汉宣帝，深受朝野上下敬重。但他最终却因为对一件事情处置不当，而使霍家最终遭受灭门之灾。

汉宣帝即位后，立许妃为皇后。霍光的妻子一心想把自己的小女儿嫁给汉宣帝做皇后。她趁许后有病之际，买通女医，毒死了许后。下毒之事败露后，女医入狱。霍光的妻子慌了手脚，这才将事情告诉事先并不知情的霍光。霍光听后十分震惊，本想告发，但又不忍妻子被治罪，所以就帮她隐瞒下来。

霍光死后，有人将此事披露出来。汉宣帝命人调查，霍光的妻子便召集族人图谋造反，结果走漏了风声，被汉宣帝派兵围剿，满门抄斩。

东汉史学家班固在《汉书·霍光传赞》中，既肯定了霍光的功绩，也批评他不学无术、不明大理。

宋朝的寇准当上宰相后，一次他与好友张咏会面。临走时，寇准问道："你有什么话赠我呢？"张咏想了想，回答道："《汉书·霍光传赞》不可不读。"

寇准当时听了莫名其妙。他回家后取来《汉书·霍光传赞》读，看到班固说霍光不学无术时，恍然大悟，知道张咏是在委婉地劝诫自己。

从此，寇准更加勤奋读书，成为一代名臣。

【释义】

不学无术：原指没有学问而没有办法。现指缺乏学问和本领。学：学问。术：技能。

C

沧海桑田

　　传说东汉时，有一个叫王方平的仙人。一天，他与仙女麻姑相约到门徒蔡经家里去饮酒。

　　王方平先到，他派使者去请麻姑。使者回复道："麻姑命我先向您表示问候。她说已经五百多年没见到您了。她此刻正巡视蓬莱仙岛，等会儿就会来与您相见。"

　　没过多久，麻姑果然驾云而来。只见她貌似十八九岁的姑娘，头顶盘着发髻，秀发垂至腰际，衣着华丽，光彩夺目。

　　宴席开始后，麻姑对王方平说："我自从得道成仙，受了天命以来，已经三次亲眼见到东海变为桑田了。这次去仙岛蓬莱，看到海水比以前又浅了许多，估计又快要变成陆地良田了吧！"

　　王方平感慨道："难怪圣人说，大海的水在下降。不久，在海中行路就会扬起灰尘了啊。"

【释义】

沧海桑田：大海变成桑田，桑田变成大海。比喻世事变化巨大。桑田：农田。

察言观色

孔子的学生子张问孔子："怎么样才可以叫通达？"

孔子没有急着回答，反问子张："你说的通达是什么意思呢？"

子张说："在朝廷里有名声，在家里也有名声。"

孔子想了一会儿说："你说的不是通达，只是名声。真正的通达是：为人品行端正，懂得礼仪，善于'察言而观色'，常常要想着谦虚待人。这样的人，在朝廷里必定通达，在家中也必定通达。"

子张听了，很受启发。

【释义】

察言观色：揣度对方的话语，观察对方的脸色，以摸清其真实的意图。色：脸色。

乘风破浪

南北朝时,有个叫宋悫的年轻人。他自小就舞枪弄棒,练得一身武功。

有一年,宋悫的哥哥成亲。婚礼这天,家里宾客盈门。一伙盗贼也冒充客人混了进来。趁大家热热闹闹地喝酒之际,他们潜入库房开始行窃。有个仆人去库房取东西,发现了盗贼。于是,他高声惊叫着奔向前厅。

众人听到惊呼,都呆立原地,慌乱无措。只有宋悫镇静地拔出佩剑,向库房奔去。盗贼们见他孤身一人,就挥舞着刀枪吓唬他。宋悫面无惧色,挺剑上前,直刺盗贼。随后赶来的众人也在一边齐声呐喊助威。盗贼见情况不妙,连忙丢下财物逃走了。

宾客们齐声称赞宋悫的勇气胆识,问他将来的志向是什么。宋悫慨然应答:"愿乘长风,破万里浪,成就一番伟业。"

几年后,宋悫主动请战,平定边境之乱,被皇帝任命为振武将军。后来,他因战功赫赫,被封为洮阳侯。

【释义】

乘风破浪：借着风势，冲浪前进。比喻不畏艰险，奋勇向前。后亦形容船行飞速。乘：驾。

乘人之危

东汉时有一个任长史之职的官员叫盖勋，为人正直，为官清廉。他所任职的郡归凉州刺史梁鹄管辖。他们二人私交甚好。

当时受梁鹄管辖的威武太守自恃出身名门，为非作歹，横行霸道。老百姓对其恶行是敢怒不敢言。梁鹄的属官苏正和不畏权势，依法查办威武太守的罪行。但因案子涉及许多权贵要人，梁鹄惧怕显贵，不敢加罪威武太守。为了使自己不受牵连，梁鹄欲杀苏正和灭口，来了结此案。可是这样做是否妥当，梁鹄心里拿不定主意，他便想找盖勋来商量，该如何处置苏正和。

盖勋和苏正和一向不合，是一对冤家，有人建议盖勋不如趁此机会除掉苏正和。但盖勋却拒绝道："这样做不行。为个人恩怨杀害良臣是不忠诚的行为；乘别人危难时去打击、陷害人家，是不仁义的举动。"后来，当梁鹄询问盖勋的意见时，盖勋果然劝梁鹄不要杀害苏正和。

【释义】

乘人之危：趁别人有危难的时候，不去帮助，反而去要挟或者伤害别人。乘：趁着。危：危难。

成也萧何，败也萧何

萧何是汉高祖刘邦的重要谋臣。当年，韩信在刘邦手下任管理粮草的小官时，萧何与韩信偶然有机会交谈了一番，他发现韩信是一个不可多得的人才。正当萧何准备把韩信举荐给刘邦时，韩信因为不满刘邦对他的不重视，逃离了军营。萧何亲自骑马，连夜将韩信追了回来，并且向刘邦郑重推荐说："如果想夺取天下，必须重用此人。"于是刘邦听从了萧何的举荐，拜韩信做了大将军。

韩信以超凡的胆略智谋指挥汉军东征西讨，为西汉的建立立下了汗马功劳。但是，刘邦登基做了皇帝后，却对功高盖主的韩信越来越不放心。他先是解除了韩信的兵权，然后又将他的封号从"齐王"降至"淮阴侯"。

后来有人向吕后告密韩信谋反。吕后有心想把韩信骗进宫中除掉，但怕他不肯就范，于是就找萧何商量。萧何设计，以庆祝平叛胜利为借口，骗韩信进宫。韩信进宫后，就被吕后以谋反罪杀于长乐宫钟室。

后来，民间就有了"成也萧何，败也萧何"的说法。

【释义】

成也萧何，败也萧何：比喻事情的成败、好坏都由一个人造成。

出尔反尔

战国时期，邹国和鲁国发生战争。邹穆公派官员去征兵，但百姓纷纷躲避，不愿当兵出战。邹穆公对此十分不满，就向宣传仁政的孟子请教："我国前方正在打仗，急需士兵，百姓却眼看着将士官吏们被杀而不肯营救，实在可恨。我想对百姓严加惩罚，但他们人这么多，杀也杀不完；如果不加惩处，心里又非常气恨。你说该怎么办好呢？"

孟子说："您抱怨百姓见死不救，可你们救过他们吗？闹饥荒时，大王的国库充足，粮仓里堆满了粮食，但官员们却不把灾情报告给您，使成千上万的百姓或者饿死，或者外出逃荒，而你们却高高在上，不救助百姓。孔子的弟子曾子说过：'戒之戒之，出乎尔者，反乎尔者也。'（要警惕呀，你怎么样对待别人，别人也就怎么样对待你。）现在百姓用同样的手段来对待官府,您能责怪谁呢?只有施行仁政,百姓才会爱护他们的长官,并且愿意为他们献出生命。"

【释义】

出尔反尔:原意是你怎么对别人,别人就怎么对你。现在比喻言行前后矛盾,反复无常。尔:你。反:通"返",回。

出类拔萃

孟子是孔子儒学的传人,是战国中期儒学的代表人物。

一天,孟子的学生公孙丑问孟子:"先生已经称得上是一位圣人了吧?"

孟子说:"连孔子都不敢以圣人自居,何况我呢?"

于是,公孙丑要求孟子讲一讲孔子与别人的不同之处。

孟子回答说:"如果将孔子和普通老百姓作比较,就像麒麟和其他走兽,凤凰和其他飞鸟,泰山和小石堆,大河大海和池中之水的对比一样。圣人和老百姓都是人,属于同类,只不过圣人'出于其类,拔乎其萃'。从古至今有人以来,还没有人在道德学问等方面超过孔子。"

后来，人们把"出于其类，拔乎其萃"简化为"出类拔萃"。

【释义】

出类拔萃：指人的品德才能出众，远在同类之上。类：同类。拔：超出。萃：指聚集在一起的人或物。

出奇制胜

战国时，燕国大将乐毅联合秦、赵、魏等国军队，攻打齐国。他们占领了齐国的绝大部分地区，只剩下莒城和即墨两个地方还没有攻下。

不久，即墨大夫战死，田单被推选为守城将领。田单通晓兵法，又有智谋，他率领全城军民奋力守城，使燕军三年都没能攻克。

田单知道仅靠武力无法取得胜利，就使用反间计，派人去燕国散布乐毅的谣言，说他有野心。新继位的燕惠王产生了怀疑，就派骑劫替换了乐毅。

骑劫不懂用兵，且为人凶狠，燕军将士对他十分不满，士气逐渐低落。田单见时机成熟，就开始设计反攻。他把精锐部队隐藏起来，只派老弱妇孺守城，还派人带着金子去向骑劫请降。燕军为此放松了警惕。

田单又找来一千多头牛,给它们披上画有奇彩异纹的布衣,还在牛角上绑上尖刀,在牛尾上扎上浸了油的芦苇。趁着夜色,田单让士兵点燃牛尾上的芦苇,受惊的火牛向着燕军狂奔。燕军以为怪兽来袭,四散逃命,被火牛刺死、踩死、烧死无数。紧随其后的齐军乘胜追击,大破燕军。

很快,田单便率军收复了失地。

【释义】

出奇制胜:用奇兵、奇计制服敌人,取得胜利。也比喻用对方意想不到的策略来取胜。奇:奇兵,奇计。制:制服。

出言不逊

三国时期,张郃是袁绍手下的一员战将。官渡之战时,袁绍派大将淳于琼率上万人的军队负责运送粮草。淳于琼将粮草囤积在乌巢。曹操探明情报后,就亲率五千精锐前来偷袭。

得知这个消息,张郃向袁绍建议:"曹操兵马精壮,淳于琼必败无疑。一旦他败了,您也就危险了。所以应当立即派兵去救援。"

但是另一位大将郭图却反对说:"我们应当趁曹营空虚,直接去攻袭曹营。这样,曹操就会回兵来救。乌巢之急便可不救自解。"

张郃反驳说:"曹营十分坚固,一时难以攻下。如果淳于琼被俘,我们也都将成为曹操的俘虏。"

袁绍没有听从张郃的意见,派主力去袭击曹军大营。由于曹营早有准备,所以迟迟攻打不下。而与此同时,曹操已经打败了淳于琼,乌巢的粮草全被焚毁。消息传来,袁绍的军队军心大乱,被打得落花流水。

郭图深知这次战败是因自己计策不当造成的,内心非常惭愧,但他不肯承认错误,反而恶人先告状,对袁绍说,失败的原因是张郃作战不力,还侮蔑张郃对战事失利幸灾乐祸,讲话傲慢无礼。

张郃知道后,惧怕袁绍迁怒于他,就投奔了曹操,成了曹操手下一名得力战将。

【释义】

出言不逊:形容说话傲慢无理。逊:谦让,有礼貌。

唇亡齿寒

春秋时，晋国南边有两个小国：虞国和虢国。晋国想进攻虢国，就必须经过虞国。为此，晋献公专门派人给虞国国君送去了宝马和玉璧，请求借道虞国去进攻虢国。

虞国大臣宫之奇劝阻国君说："虢国和虞国就好像嘴唇和牙齿一样相互依附，嘴唇没有了，牙齿何以自保？如果虢国灭亡了，虞国也必定随之灭亡。所以千万不能借道给晋军。"

但糊涂贪财的虞国国君还是答应了晋国的要求。宫之奇见国君不听劝告，就带着全家逃到了曹国。

晋国通过虞国的"帮助"，轻松地灭了虢国。得胜回来后，晋军借口整顿兵马，将军队驻扎在虞国，然后发动突袭，一举消灭了虞国。

【释义】

唇亡齿寒：嘴唇没有了，牙齿就会感到寒冷。比喻双方关系密切，相互依存，利害与共。

此地无银三百两

古时候有一个叫张三的人，好不容易攒了三百两银子。他生怕这些银子被人偷走，就想把银子藏起来。可他看来看去，觉得藏在哪儿都不安全。

苦思冥想了好半天，张三终于想出了一个自认为聪明的办法。他趁着夜深人静时，在院子的墙根下挖了一个坑，悄悄地把银子埋进坑里。填好土后，他仍然觉得不放心，怕别人会察觉这里藏着银子。于是，他找出纸笔，写了一张"此地无银三百两"的字条贴在墙上。然后才安心地回去睡觉了。

谁知张三藏银子的动静早就惊醒了隔壁邻居王二，王二把一切都看得清清楚楚。等张三睡着后，王二偷偷挖出了银子。由于担心张三怀疑到自己，王二就写了一张"隔壁王二不曾偷"的字条，贴在张三那张字条的旁边。

这个故事后来被传为笑谈。

【释义】

此地无银三百两：比喻本想掩盖事实，却反而暴露了真相。

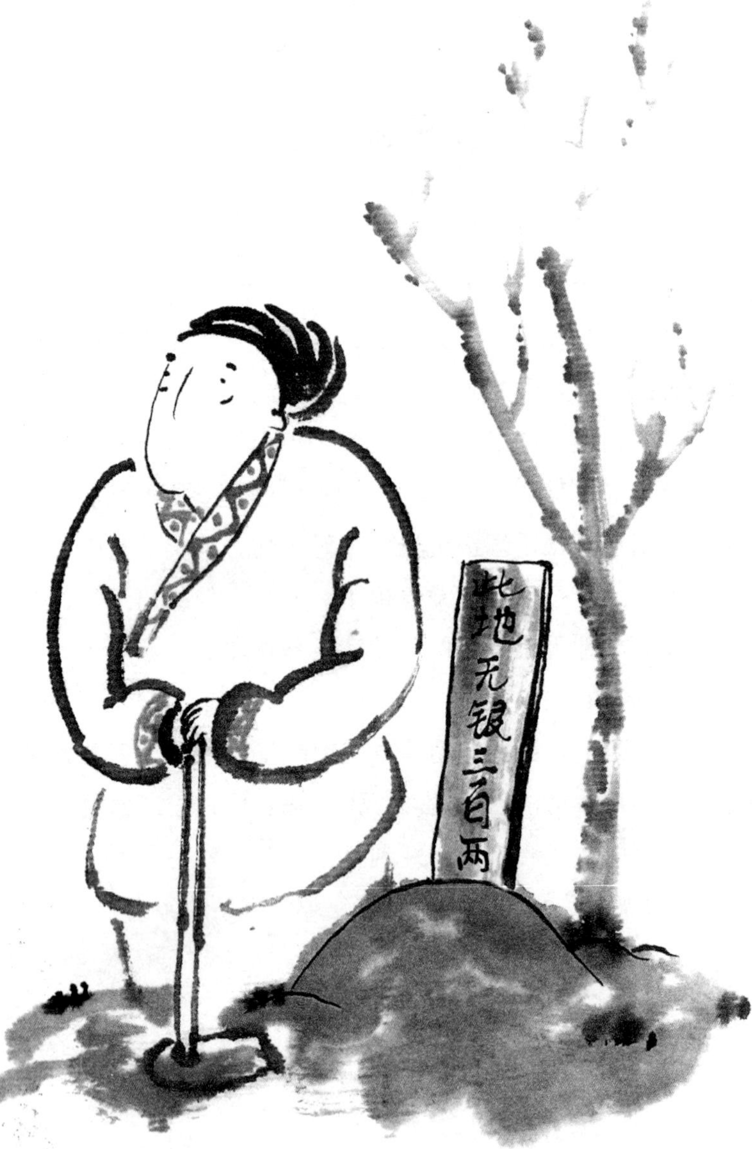
此地无银三百两

D

打草惊蛇

南唐有个叫王鲁的人,他在当涂县任县令时,贪赃枉法,到处搜刮钱财。

一次,有人状告王鲁手下的主簿贪污受贿。看到状纸上列举了主簿的一条条罪状,王鲁不由得心惊肉跳。因为这些罪行和他自己的所作所为如出一辙。他一边看状子,一边吓得浑身发抖,感觉好像被告的就是他自己似的。

等看完状子,该进行批示时,王鲁不由自主地在上面写了这么几个字:"汝虽打草,吾已惊蛇。"意思是说,状告主簿的状子揭露了他贪赃枉法的丑事,就好比是有人打草,却惊动了躲在草里的蛇。

【释义】

打草惊蛇:原指打击这人却使另外的人受到了惊吓。现比喻行事不周密,使对方有了防备。

大公无私

晋平公在位时,南阳缺少个县令,晋平公问大夫祁黄羊,谁去任这个职务合适。祁黄羊推荐了解狐。晋平公不解地问祁黄羊:"解狐不是和你有仇吗?你怎么推荐自己的仇人?"

祁黄羊回答:"因为您问的是谁适合担任县令这个职务,而不是问谁是我的仇人。"

于是晋平公就任命了解狐。解狐上任后,清正廉洁、兢兢业业,为老百姓做了很多好事,受到了老百姓的爱戴。

后来,祁黄羊又向晋平公推荐儿子祁午出任军中尉。晋平公问:"你推荐自己的儿子,就不怕别人说闲话吗?"

祁黄羊坦然地回答:"您要我推荐军中尉的合适人选,并没有问我的儿子是谁。"

结果祁午不负重望,干得非常出色。

孔子听了这两件事情后,感慨地说道:"祁黄羊推荐人才,对外不排斥仇人,对内不回避亲生儿子,真是大公无私啊!"

【释义】

大公无私：一心为公，毫无私心。亦指秉公处理，不偏袒任何一方。

大器晚成

三国时期，魏国有一个叫崔琰的人。他自小习武，剑法高超，而且性格豪爽，喜好交友。但很多文人不屑与他交往，认为他有勇无谋、不学无术。有一次，崔琰去拜访一位贤士，却被拒之门外。崔琰因此惭愧不已，从此发愤读书，终于成为文武双全之人。

后来，崔琰的才干得到袁绍的赏识，他被封为骑都尉。官渡之战后，袁绍战败，从此一蹶不振，终于被曹操所灭。曹操诚心纳贤，将崔琰收入自己麾下。崔琰为曹操出谋划策，颇受器重。

曹操曾想改立小儿子曹植为太子。尽管曹植是崔琰的侄婿，但崔琰还是秉公劝谏道："自古以来都是立长子为太子。您立曹植，曹丕与众臣肯定不服，这样做后患无穷。古往今来，因废长子立次子引起的骨肉相残的悲剧有多少呀，请主公三思而行。"他的远见卓识和公正无私更为曹操所欣赏。

崔琰在识人方面也很有眼力。他有个堂弟叫崔林，年轻时无所作为，被亲朋好友瞧不起。但崔琰却慧眼识珠，常对人说："此所谓大器晚成者也，终必远至。"意思是说：做大事的人往往要经过长时间的锻炼，崔林以后一定能成为有才能的人。后来，崔林果然在曹操手下做了大官，在曹丕时期当了司空，并被封为安阳乡侯，成为魏国的重臣。

【释义】

大器晚成：指能担当大事的人物要经过长期的磨炼，往往成名较晚。后来也指年纪较大后才成才或成名。大器：古代指钟鼎等宝物。比喻卓越的人才。

大相径庭

这个成语出自《庄子·逍遥游》。文中记载了这样一件事情：

有个叫肩吾的人向连叔求教："我听接舆的谈话，大话连篇没有根据。他一说开来就回不到原来的话题上。我对他的言谈感到十分惊恐，就好像天上的银河没有边际。他的话'大有径庭，不近人情焉'（跟一般人的言谈差异甚远，太不合情理了）。"

连叔问："他说了些什么呢？"

肩吾说："接舆说，在遥远的姑射山上，住着一位神人，皮肤像冰雪般润白，体态柔美得如同处女，不食五谷，吸清风饮甘露，乘云气，驾飞龙，遨游于四海之外。他的神情那么专注，使得世间万物不受病害，年年谷物丰收。我认为这全是虚妄之言，一点也不真实可信。"

连叔听后说："是呀！对于瞎子，没法同他们欣赏花纹和色彩；对于聋子，没法同他们聆听钟鼓的乐声。难道只是身体上有聋与瞎吗？思想上也有聋和瞎啊！这话说的就是你呀。那位神人的德行，已达到超越万物的至高境界，哪里还会在意为天下的事忙忙碌碌！那样的人呀，没有什么外物能伤害他。滔天大水不能淹没他，天下大旱使金石熔化、土山焦裂，也不会让他感到灼热。他所留下的尘垢以及瘪谷糠麸之类的废物，也能造就出尧舜那样的圣贤人君来，他怎么会把忙着管理万物当作己任呢！"

"大相径庭"就由"大有径庭"演化而来。

【释义】

大相径庭：比喻两者相差极大，意见根本不同，事物区别明显。径：小路。庭：院子。径庭：悬殊，偏激。

大义灭亲

春秋时，卫国的州吁和石厚一起合谋杀害了卫桓公，州吁篡位当了国君。他们对内欺压百姓，对外穷兵黩武，百姓极为愤恨。为了稳定民心，石厚就去求教于自己的父亲。

石厚的父亲石碏是个正直的大臣，当年他曾反对儿子与州吁交往，但禁止不住，于是他就告老还乡了。现在见儿子来问怎样才能安定君位。他回答说："能朝见周天子，君位就能安定了。"

石厚问："怎么才能朝见周天子呢？"

石碏答道："现在周天子十分宠信陈桓公，而且陈国和卫国的关系又很和睦，如果去朝见陈桓公，求他在周天子面前说说好话，就一定能办到。"

石厚听从了父亲的建议，跟随州吁一起去陈国求见陈桓公。石碏暗中派人送信给陈桓公说："卫国地方狭小，我年纪老迈，没有什么作为了。来的那两个人是杀害我们国君的凶手，敢请趁机设法处置他们。"

陈国人将州吁和石厚抓住，并到卫国请人来处置。这年九月，卫国派遣右宰丑前去，在濮地杀了州吁。石碏又派自己的家臣獳羊肩前去，在陈国杀了石厚。

后人纷纷称赞道：石碏真是一位忠实正直的臣子啊。他痛恨州吁，连州吁的同谋石厚也一起杀了。大义灭亲，就是说的这种事情吧。

【释义】

大义灭亲：原指为维护君臣之义而不顾亲属之情。今指为维护国家、人民的利益，对亲属不徇私情，使其受到国法制裁。大义：正义，正道。亲：亲属。

呆若木鸡

周宣王有个特别的爱好——喜欢观赏斗鸡。他听说一个叫纪渚子的人是驯鸡能手，就把他请进京城，命他驯养出一只骁勇善战的斗鸡来。

纪渚子从鸡群中挑选了一只金爪彩羽的大公鸡关进屋里，要求周宣王不要随便让人来打扰。

十天后，周宣王派人问他："斗鸡驯养好了吗？"纪渚子回答："没有，它现在骄气正盛，虚有其表。"

又等了十天，等得不耐烦的周宣王又让人去问，纪渚子说："还没有。鸡对外界的动静还有敏感的反应，沉不住气。"

再过了十天,周宣王再问,纪渻子答复说:"鸡还会怒视,心神不够稳定。"

又是十天过去了,纪渻子主动来报说:"鸡已经驯得差不多了。现在这只鸡听到别的鸡叫时,能镇定自若,毫无反应,'望之似木鸡',其实是它的精神已处于高度集中的状态。别的鸡见了,都不敢与它交锋了。"

果然,其他的斗鸡一见这只斗鸡就掉头逃走了。

【释义】

呆若木鸡:呆得像木头鸡一样,比喻呆笨或因恐惧、惊讶而发呆的样子。呆:傻,发愣的样子。

道不拾遗

商鞅年少时喜欢研究以法治国的学问,后来去了魏国,成了魏国宰相公叔痤的家臣。

公叔痤病重时,魏王前来探望,询问道:"如果你的病不能治愈,有谁能代替你?"

公叔痤说:"商鞅可以代替我。"

但是魏王不喜欢商鞅所研究的刑名之学,所以听了公叔痤的话，脸上表现出不悦的神情。

公叔痤见状，就对魏王说："如果大王不用他，一定要把他杀掉。千万别让他为别国所用。"

魏王走后，公叔痤对商鞅说："我让魏王杀你，是为了尽臣子的忠心。现在你赶紧逃走吧。"

商鞅逃到秦国。秦孝公欣赏他的治国主张，任用他为宰相，支持他实施变法。

商鞅废除了维护贵族特权的旧法，制定了一系列新法。他主张法律面前人人平等，只要有功，不论出身，都应行赏；鼓励耕织，提出生产多的可免徭役；提倡执法应不徇私情，令出即行。

商鞅的新法推行了几年后，人民安居乐业，勤于生产；军队纪律严明，士气高涨；社会秩序也变得安定，百姓可以夜不闭户，路不拾遗。秦国的国力逐渐强盛起来。

【释义】

道不拾遗：道路上有人遗落的东西，却没人捡拾。形容社会风气良好。遗：丢失的东西。

道听途说

这个成语出自《论语·阳货》中的"道听而涂（途）说，德之弃也"这句话。意思是，孔子说："在路上听到传言就到处去传播，这是道德所唾弃的。"

道听途说的例子在生活中时常得见。传说宋国有一户姓丁的人家，由于用水非常困难，就在自己的房屋边打了一口井。这样，丁家就再也不用每天派人去挑水了，等于每天多了一个人干活。

这件事一传十、十传百，经过口口相传，竟然变成了"丁家挖井挖出了一个人"。事情传到国君耳朵里，国君觉得不可思议，便下令调查，这才弄清了真相。

【释义】

道听途说：路上听来的话，又在路上向他人传播。指不可靠的传闻。道、途：路。

得过且过

元末明初的学者陶宗仪在《南村辍耕录》中记载了这样一则传说：

相传在山西五台山上，有一种形状似鸡的小鸟，名叫寒号虫。这种鸟生有四足两翅，不能远飞。

寒号虫的外貌可以随着四季的更迭而变化。绿树成荫的夏日，它的身上长满五彩绚丽的羽毛。寒号虫在灿烂的阳光下扑扇着翅膀，显得光彩夺目。每到这时，它都会得意地鸣叫："凤凰不如我！凤凰不如我！"

但是，等寒风凛冽、大雪飘飞的冬季到来时，寒号虫身上华丽的羽毛就会褪掉，浑身光秃秃的，就像刚出壳的鸡雏。它再也不敢飞出林子，只好躲在树丛深处，哆哆嗦嗦、有气无力地哀鸣着："得过且过，得过且过。"

【释义】

得过且过：勉强过得去就暂且这样过下去。原形容混过一天是一天，不做长远打算。后来形容办事马虎，敷衍塞责。且：暂且。

得陇望蜀

岑彭，原为王莽政权时的棘阳县令。汉军攻打棘阳时，他曾固守城池数月，直到粮尽草绝，才举城投降汉军。刘秀建立东汉后，拜他为廷尉，行使大将军的职权。

东汉初年，各地豪强割据，刘秀为统一天下，发动了一连串战争。隗嚣和公孙述分别割据陇、蜀两地，岑彭率军随刘秀出征，攻下陇地的天水后，他们把隗嚣围困在西城，并把公孙述的增援部队包围在了上邽。

这时刘秀因有事要先回洛阳，行前留了一封诏书给岑彭。诏书中说："人总是不会知足的，我是'既平陇，复望蜀'。你等到攻下西城和上邽后，就可以去攻打蜀地了。"

岑彭得到刘秀的诏书后，加紧攻城。因西城城墙高大坚固，岑彭就筑堤阻塞谷水河道，再决堤放水淹西城。可惜此时隗嚣的援兵及时赶到，将隗嚣救走。而岑彭的军队面临粮草匮乏的困境，只好退兵。

【释义】

得陇望蜀：已经取得陇右，还想攻取西蜀。比喻得寸进尺，贪得无厌。陇：甘肃一带。蜀：四川一带。

东施效颦

春秋时，越国的若耶溪西岸，住着一位美女，人称西施。若耶溪东岸，住了位丑姑娘，大家都叫她东施。

东施羡慕西施的美貌，所以处处留心观察西施，无论是服饰装扮还是姿态举止，她都要模仿西施。

一天，西施因为心口痛，按住胸口、皱着眉头走路。大家看到了，都说西施的样子楚楚动人。东施看到西施走路的样子很好看，便也效仿起来。她用手捂住胸口，皱起眉头，学着西施那样走路。她以为自己这样，一定会像西施一样美。

看到东施走过来，富裕的人家紧紧关上家门不再出来，贫穷的百姓拉着妻子和孩子赶紧走得远远的。大家都难以忍受东施难看的样子，纷纷躲开了。

【释义】

东施效颦：比喻不顾客观条件，盲目跟风模仿，反而出丑。效：仿效。颦：皱眉头。

对牛弹琴

东汉有个对佛教教义很有研究的学者,叫牟融。他宣讲佛义时,总是喜欢引用儒学的诗书进行阐述。这种做法受到了一些儒者的质疑。牟融就对那些责难他的人说:"你们对于儒家经典都很熟悉,而佛经对你们而言,就比较陌生。如果我引用佛经来给你们讲解,岂不是等于白讲了?"接着,牟融给大家讲了古代的音乐家公明仪的故事。

公明仪对音乐有很深的造诣,尤其弹得一手好琴。有一次,他携琴郊游,看到山青水绿风景怡人,不由得兴起,想抚琴奏曲,但四周无人欣赏,不觉有些落寞。他见不远处有一头牛正在吃草,就走到牛的前面,放下琴开始弹奏起来。

公明仪先弹了一首高深的曲子,虽然琴声非常美妙,但是牛只顾吃草毫不理会。后来他改弹像蚊子、牛蝇和小牛叫唤的声音,牛就摇着尾巴、竖起耳朵来听了。

公明仪不由得自嘲道:"不是牛蠢,而是我自己弹琴不看对象。对于牛来说,同类的叫声就是最好听的音乐。它怎么能听得懂高雅的乐曲呢?"

讲完故事,牟融补充说:"对没有读过佛经的人直接讲佛经，等于白讲。我用儒家经典来解释佛义，就是出于这个原因。"

【释义】

对牛弹琴：比喻说话不看对象，或对愚笨的人讲深奥的道理。

对症下药

府吏倪寻、李延同时生病了，症状都是头疼发烧。他们请名医华佗治病。

华佗诊断了两人的病情后，给倪寻开的是泻药的处方，而给李延开的是发汗的药。两人觉得非常奇怪，就问华佗，为什么不给相同病症的人用相同的药呢？

华佗回答："倪寻身体外部没病，病由内部伤食引起；李延身体内部没病，病因是外部感冒。病因不一样，治疗的方法自然就不一样。"

后来，两人按处方服药，第二天病就都好了。

【释义】

对症下药：医生针对病症处方用药。比喻针对不同的情况，采取不同的有效措施。

多多益善

　　楚汉相争时，韩信是关系到胜败大局的关键人物。刘邦为了稳住韩信，便封他为齐王。韩信尽心尽力，帮助刘邦夺得了天下。

　　刘邦做了皇帝，成为汉高祖以后，对功高盖主的韩信越来越不放心。后来，刘邦假借邀请诸侯共游云梦泽，将韩信骗来擒获，解除了韩信的兵权。但因韩信功劳显赫，刘邦担心杀了他会引起其他将领的不满，就又赦免了韩信，将他降为淮阴侯。

　　韩信知道刘邦畏惧他的才能，常常借口生病不上朝。有一次，刘邦从容地与韩信谈论起各位将领用兵的能力差异。刘邦问道："像我这样的，能统率多少兵马？"

　　韩信说："陛下不过能统率十万兵马。"

　　刘邦又问："那么你呢？"

　　韩信说："我带兵当然是'多多益善'（越多越好）！"

　　刘邦笑着问："既然你带兵多多益善，为什么会被我抓住了呢？"

　　韩信说："陛下不能带兵，但是善于统领将帅，所以我才被您抓住。况且陛下有上天赋予的能力,这不是人力所能达到的呀。"

【释义】

多多益善:指越多越好。益:更加。

E

尔虞我诈

春秋时，楚庄王派兵攻打宋国，但久攻不下，于是决定撤军。大夫申叔时献计道："我们不如让士兵们在宋国的土地上盖房子、种粮食，做出要长久驻扎下去的样子，这样宋国就会害怕屈服的。"楚庄王采纳了他的计策。

宋国获悉楚国的动态后，派将领华元悄悄潜入楚营。华元直接来到楚军主将子反的床前，手持利刃威胁他说："虽然我们的粮草已经断绝，现在开始吃人肉烧人骨，已经非常困难了，但我们宁可亡国，也决不投降！除非你们愿意退兵三十里，我们就同意订立和约。"

在华元的威逼下，子反无奈，只得答应退兵。

第二天，楚军后退了三十里。宋楚两国签订了盟约。盟约中规定："楚军后退三十里，两国和平相处，'我无尔诈，尔无我虞'（意为两国保证不相互欺骗）。"

"尔虞我诈"由此演化而来，但意思正好相反。

【释义】

尔虞我诈：形容相互欺骗，互不守信。诈、虞：欺骗。

二桃杀三士

齐景公手下有三名勇士，公孙接、田开疆、古冶子。

有一天，晏子看到他们时，小步快走以表示对他们的敬意，但他们三人却一动不动，十分傲慢无礼。晏子十分不满，便去觐见齐景公说："我听说，贤能的君王蓄养的勇士，对内可以禁止暴乱，对外可以威慑敌人；君臣赞扬他们的功劳，百姓佩服他们的勇气，所以给他们尊贵的地位，优厚的俸禄。但现在大王您所蓄养的勇士，对上没有君臣之礼，对下也不遵循尊卑长幼的伦理；对内不能禁止暴乱，对外不能威慑敌人，都是祸国殃民的人，不如赶快将他们除掉。"

齐景公说："他们三个人都很勇猛。和他们硬拼，恐怕拼不过；暗中刺杀，又担心刺不中。"

晏子就出了个主意，请齐景公派人赏赐这三位勇士两个桃子，对他们说道："你们三个人就按功劳大小去分吃这两个桃子吧！"

公孙接最先说："我第一次打败了野猪，第二次又打败了母老虎。像我这样的功劳,应该能吃一个桃子。"于是,他拿起了一个桃子。

田开疆说:"我接连两次击退敌军。像我这样的功劳,也可以吃一个桃子。"说着,他也拿起一个桃子。

古冶子说:"我曾经跟随国君横渡黄河,大鳖咬住车左边的马,拖到了河的中间。我潜到水里,行了九里,才抓住那大鳖,把它杀死。我左手握着马尾,右手提着鳖头,像仙鹤一样跃出水面。像我这样的功劳,也可以单独吃一个桃子。你们两个人快把桃子拿来!"

说罢,他抽出宝剑,站了起来。公孙接、田开疆说:"我们不如您勇敢,功劳也不如您大,却拿着桃子不知谦让,这就是贪婪啊。如果再活着不死,那还有什么勇敢可言?"

于是,他们两人都交出了桃子,刎颈自杀。古冶子看到这种情形,羞愧地说:"他们两个都死了,我自己独活,这是不仁;吹捧自己而羞辱别人,这是不义;悔恨自己的言行,却不敢去死,这是无勇。"然后他放下桃子,也刎颈自杀了。

齐景公听说他们三个人都死了,就按照勇士的葬礼埋葬了他们。

【释义】

二桃杀三士:将两个桃子赐给三个壮士,三个壮士因相争而死。比喻使用阴谋手段借刀杀人。

F

防微杜渐

东汉时和帝继承皇位，但和帝的母亲窦太后把持朝政，她的哥哥窦宪任大将军，其他兄弟也都担任重要职位。看到窦家势力过大，严重威胁皇权，很多大臣忧心忡忡。但因惧怕窦氏家族的权势，没人敢出面阻止。

大臣丁鸿深明大义，认为皇上不能听任这种局面继续发展下去。恰好这一年，发生了日食现象，丁鸿就借此机会，对和帝上书道："太阳象征帝王，月亮代表大臣。现在臣子权势过大，侵夺了君王的权力，这就如同日食。日食的出现，是上天在警示我们，应该提防发生危害国家的灾祸。穿破岩石的水流最初都是涓涓细流，参天大树也都是由刚露芽的小树苗长起来的。人们常常忽略了微小的事物，以致造成祸患。皇上只有亲揽朝政，把坏人坏事消灭在萌芽状态，才能使汉室江山稳固。"

和帝原本也对太后专权、窦氏把持朝政有所不满，于是就采纳了丁鸿的意见，免去了窦宪的职务，开始亲理朝政。

【释义】

防微杜渐：指在问题或错误刚冒头时就加以制止，不使其发展。微：微小，指事物的苗头。杜：杜绝。渐：事物的开端。

放虎归山

春秋时，秦国袭击郑国。晋国的中军元帅先轸对晋襄公说：秦国趁我国先君之丧，越我边境，攻打我同姓之国，而且背弃了秦、晋两国共同出兵的盟约，是不信不义之举。再者，秦国攻打郑国之后，必定会来进攻晋国，现在放过他们，后患无穷，所以应该立即攻打秦军。

晋襄公同意了他的意见。先轸算准了秦兵攻不下郑国，将在初夏返回，到时必定经过秦、晋的边界渑池附近，所以就在渑池西边的崤山布下伏兵。秦军果然没能攻克郑国，而只灭了滑国。当秦军带着从滑国掳掠的战利品返回时，在崤山遭到了晋军的袭击。结果，秦国的孟明视等三帅皆被俘虏。

晋襄公命人将孟明视等人押解到先君的殡葬地曲沃，准备在太庙将他们杀死，以此来祭拜先君。晋襄公的母亲文嬴得知三帅被擒的消息，就对晋襄公说："秦、晋两国世代联姻，交情很好。因孟明视等人贪功，挑起战争，才使两国结怨。我估计秦君必定十分恼恨这三个人。我们杀了他们也没什么好处，不如放他们回秦国，让秦君亲自杀了他们，以化解两国的怨恨，岂不是好事？"

晋襄公有些顾虑："把他们放了，恐怕会给晋国留下祸患。"

文嬴说："当年晋惠公被抓到秦国，秦君以礼待之，而且把他放回来。秦国对我们这么有礼，我们却要杀他们的区区败将，显得我国多么无情呀。"

晋襄公听母亲说到了先君的事情，便动了心，下令将三帅放归秦国。

先轸正在家里吃饭，听说晋襄公放了秦国三帅，急忙吐出嘴里的饭，怒气冲冲地去质问晋襄公："秦军的俘虏在哪里？"

晋襄公说："母夫人请求我放他们回国受刑，寡人已经同意，把他们放了。"

先轸勃然大怒，向晋襄公脸上吐唾沫道："呸！你这小子太不懂事了。将士们千辛万苦才抓到他们，怎么能被妇人的几句话坏了好事？放虎归山，将来悔之晚矣！"

晋襄公这才醒悟过来，擦着脸上的唾沫说："是寡人的过错呀!"

【释义】

放虎归山：放老虎回山林。比喻放走敌人，留下后患。

风马牛不相及

春秋时，齐国国势渐强，齐桓公成为诸侯国的首领。鲁、宋、卫等国都先后依附。只有距离齐国遥远的楚国，自恃国大势强，对齐桓公不怎么理会。齐桓公就召集各诸侯国，一起南下攻打楚国。

楚王听说齐国率兵前来讨伐，便派使者去与齐桓公谈判。使者说："你们齐国在北方，我们楚国在南方，相距那么远，就是马牛走失，也不会跑到对方境内。而你们现在却来攻打我国，这是什么道理？"

齐桓公手下的大臣管仲回答道："我们是代表周天子来讨伐楚国的。你们楚王轻视天子，已经几年不向周天子纳贡了，所以我们兴师问罪。"

于是齐楚交战。相持数月后，两国才订立了盟约。

【释义】

风马牛不相及：本指齐楚相距甚远，即使马牛走失，也不会跑到对方境内。也有说法是把兽类雌雄互相吸引叫作"风"，马与牛不是同类，所以不会互相吸引。后来比喻事物之间毫不相干。风：放逸，走失。及：到。

风声鹤唳

公元383年，前秦皇帝苻坚率大军南下，侵犯东晋，妄图统一全国。东晋宰相谢安拜谢石为大将，谢玄为先锋，率兵迎敌。

苻坚的军队人马众多，很快攻占了寿阳，接着准备攻打硖石。同时，苻坚派朱序去东晋劝降。不料，朱序原为东晋官员，他不仅将先秦的军情都透露给了谢石，还建议晋军趁苻坚的军队尚未全部到达，袭击其前锋军队。

谢石采纳了这个建议，夜袭苻坚的军营。毫无准备的秦军被打得落花流水，损失惨重。晋军乘胜赶往寿阳。

苻坚听说前锋失利，大吃一惊。他登上寿阳城头瞭望，看到晋军布阵严整，十分威武；又远望八公山，在他看来，山上的草木似乎也都变成了晋兵，不由得胆战心惊。

苻坚的军队都驻扎在淝水边。谢玄派使者来，建议秦兵稍稍后退，让晋军渡过淝水，双方再决一死战。苻坚求胜心切，想趁晋军渡河到一半时进行猛攻，于是答应了谢玄的要求，下令秦军后退。

怎料秦军原本就是从四处临时拼凑而成，军心一向不齐，又刚刚听说前锋吃了败仗，如今一听说后退，士兵们都误以为又被打败了，便纷纷逃散。谢玄见秦军大乱，便抓住机会，率兵快速渡河追杀。

秦军仓皇溃逃，一路上听到呼呼的风声和鹤的鸣叫声，都以为是晋军的追兵赶来了，个个惊恐万分。

【释义】

风声鹤唳：听到风声和鹤叫声，都疑心是追兵。形容惊恐疑惧到极点，或妄自惊扰。唳：鸟鸣。

奉公守法

春秋战国时，赵奢原先只是赵国一个收取田税的小官吏。一次，他来到惠文王之弟平原君赵胜家收取田税，平原君的手下仗势欺人，拒付税款。赵奢不惧权势，果断地依法严惩了闹事者。

平原君为此大为生气，扬言要找赵奢算账。赵奢诚恳地对平原君说："您是国之栋梁，朝廷重臣，更应遵守国法，做天下的表率。而现在您竟然公然违反法令。如果老百姓都像您一样拒不付税，那么天下还会太平吗？国家还能富强吗？要是您能够奉公守法，百姓也会以您为榜样。天下就会安定，国家就会富强。"

平原君听了赵奢的这番话，惭愧万分。平原君敬佩赵奢的品行，便将他推荐给赵惠文王，做了掌管全国税收的官。赵奢上任后，依旧公正无私地处理事务。

后来赵奢被赵惠文王任命为大将，为赵国立下了很多战功。

【释义】

奉公守法：奉行公事，遵纪守法。指办事以公事为重，不违法徇私。奉：奉行。公：公务。

釜底抽薪

南北朝时，东魏大将侯景举兵反叛，遭到朝廷军队的攻打。于是侯景投奔江南的梁武帝萧衍。

东魏的魏收为此给梁武帝写了篇《为侯景叛移梁朝文》。魏收认为侯景最终必将背叛梁朝，因此对他必须"抽薪止沸，剪草除根"。但梁武帝萧衍没有接受这个劝告。

侯景后来果然又背叛了梁朝。

"釜底抽薪"由"抽薪止沸"演化而来。

【释义】

釜底抽薪：把柴火从锅底抽掉。比喻要采取必要的措施，从根本上解决问题。釜：锅。薪：柴。

负荆请罪

战国时，赵国的蔺相如出使秦国，以大智大勇挫败了秦王想霸占"和氏璧"的阴谋，又在渑池之会上捍卫了赵国的尊严，被赵王拜为上卿，官职居大将廉颇之上。

廉颇心里很不服气，对别人说："我出生入死征战沙场，立下了赫赫战功，而出身卑微的蔺相如仅凭口舌之利立了一点功，官职却比我高。我实在忍不下这口气！如果我遇到他，一定要当众羞辱他。"

蔺相如得知这一消息后，就处处有意避开廉颇，避免与他相见。这种做法引起了门客们的不满，他们对蔺相如说："我们是因为仰慕您的威望才来投奔您的。现在廉颇这么羞辱您，您却显得如此怯懦。"

蔺相如问他们："你们觉得廉颇和秦王相比，谁更厉害？"

门客们回答："当然是秦王厉害。"

蔺相如接着说："面对虎狼般凶狠的秦王，我都敢当庭呵斥他，难道我还会怕廉颇吗？强秦不敢对赵国动兵，就是忌惮我和廉将军。如果我们两个互相争斗，势必有一方会受损，那么赵国就会有危险了。我之所以避让廉颇，是因为我个人的恩怨是小，国家的危难是大呀。"

廉颇听说了蔺相如的话后，深为蔺相如宽厚的胸怀所感动，同时也为自己的狭小气量感到非常惭愧。他脱去上衣，袒露胳膊，身背荆条，亲自到蔺相如家中道歉请罪。蔺相如见他态度如此真诚，也不计前嫌。从此两人齐心协力，为安邦定国效力。

【释义】

负荆请罪：比喻诚恳地认错和道歉。负：背着。荆：荆条。

G

改过自新

西汉初期，有一位非常著名的医学家叫淳于意。公元前176年，淳于意被人诬陷入狱。因他有官职在身，需押解到京城受刑。临行前，他的女儿们围在他身边，哭着为他送行。淳于意不由得生气地说："女儿到底不如儿子，危难时刻连个能用的人都没有。"

淳于意最小的女儿缇萦，年仅十三岁，她主动提出愿意陪同父亲一起去京城。到了京城长安后，缇萦写了封信给汉武帝。信中说："我父亲在当太仓长时，百姓都称赞他廉洁公正。现在他犯了法要受刑。人如果被处死就不能再生，即使想改正错误重新做人，都没有机会了。我情愿自己去官府做奴婢，来为父亲赎罪。"

汉武帝看了缇萦的信后，被她为父顶罪的精神所感动，就下诏赦免了淳于意。

【释义】

改过自新：改正过失或错误，重新做人。自新：自觉改正，重新做人。

高山流水

春秋时，楚国的俞伯牙精通音律，善于弹琴，是当时著名的琴师。他能将美妙的自然景物和心中的感想，通过琴声出神入化地表达出来。

一天，俞伯牙弹琴自娱，当他轻轻抚动琴弦时，悠扬的琴声便如水般从他的手指间流出。这时，一个樵夫从旁边经过，听到琴声，驻足聆听。琴声渐渐激越高昂，樵夫脱口赞叹道："好啊，雄伟峻峭，好像高耸入云的泰山。"

接着，琴声变得激扬澎湃，樵夫又高声喝彩道："妙呀，浩浩荡荡如同滚滚江流。"

俞伯牙激动地停下来，赞叹说："你听琴时想象出来的意境，正是我弹琴时要表现的心意。我的想法逃不过你的耳朵，你真是我的知音啊。"

这个樵夫就是钟子期。俞伯牙与钟子期从此成为好友。

后来，钟子期死去，俞伯牙失去知音，就再也不弹琴了。

【释义】

高山流水：比喻知音、知己或乐曲高妙。

高屋建瓴

楚汉相争时，韩信率兵攻下齐地后，刘邦为了笼络韩信，将他封为齐王。后来韩信担任三军统帅，打败了项羽。刘邦担心韩信位高权重，就收了他的兵权，收回齐地，改封韩信为楚王。

刘邦做了皇帝后不久，有人告发说，韩信私自窝藏项羽的大将钟离昧，有造反的企图。刘邦借口邀诸侯同游云梦泽，想借机除掉韩信。韩信看出了刘邦的杀机，知道此去凶多吉少。有人劝他说："大王何不杀了钟离昧，向皇上表明心迹？"

韩信说："钟离昧对我有救命之恩。现在他走投无路，我怎么忍心杀他呢？"但为了保全自己，韩信还是把情况告诉了钟离昧。钟离昧看透了韩信的心思，大骂他无情无义，然后自刎了。

于是，韩信带着钟离昧的人头去见刘邦。但刘邦还是把韩信绑了起来。大夫田肯知道后，就拜见刘邦，说："有几件事，值得向陛下祝贺。一是韩信束手就擒；二是陛下牢牢地控制着三秦，陛下凭借这险峻的地势，来控制诸侯，就如同从高高的屋脊上把水从瓶子里倒下去，势不可阻。"

田肯又接着说："齐地方圆两千多里，七十余城，占据着这里，便可以一当十。如此重要的地方，非亲族子弟是不能封他做齐王的。"

当年定三秦、平齐地靠的都是韩信的功劳。刘邦一听这话，知道田肯是在婉转地为韩信求情。于是，他赦免了韩信，将他降为淮阴侯。

【释义】

高屋建瓴：将瓶中的水从高高的屋脊上向下倾倒。比喻居高临下，不可阻挡的形势。建：倾倒。瓴：盛水的瓶子。

各得其所

昭平君是汉武帝的妹妹隆虑公主的儿子，他依仗皇权，胡作非为，经常触犯法律。汉武帝念及妹妹的面子，每次都予以宽恕。

隆虑公主病终前，担心昭平君日后更加放纵，犯下死罪无人关照，就拿出千两黄金，请求汉武帝允许她为儿子预先赎免死罪。汉武帝只得答应了。

隆虑公主死后，昭平君更加为所欲为。一次，他酒醉后杀了人，被关进了监狱，按律当斩。但廷尉想到汉武帝曾经答应隆虑公主赦免昭平君死罪的事情，不敢擅自处决，就奏请汉武帝决断。

大臣们考虑到汉武帝许诺在先，而且隆虑公主只有这么一个儿子，杀了他实在可惜，所以就替昭平君求情，建议汉武帝再法外开恩一次。

汉武帝说："想到公主临终将儿子托付给我，我也很痛心。但法律是高祖亲自制定的，如果因为妹妹而破坏了先朝的法令，我怎么对得起列祖列宗，怎么取信于百姓呢？"他最终流着泪下令依法处死昭平君。

看到汉武帝悲痛的样子，群臣神色黯然，气氛变得非常压抑。只有大夫东方朔上前祝贺道："我听说圣明的君主治理天下时，奖赏不避仇敌，处罚也不袒护亲信。您已经做到了这两条。老百姓人心安定，每个人都得到了适当的位置。这实在是值得庆贺的事啊！"

【释义】

各得其所：原指各人都得到了他所需要的东西。后来指每一件事物或每个人都得到了适当的位置和安排。

功败垂成

东晋时,为统一北方,大将谢玄在叔叔谢安的指挥下,取得了淝水之战的全面胜利,迫使前秦皇帝苻坚逃回关中。谢玄率军收复了徐、青等六州。大军直指河北,眼看胜利在望。

东晋孝武帝的兄弟司马道子因嫉妒谢玄的功业,就在皇帝面前大进谗言,借口谢玄出征太久,要他撤兵回淮阴驻守。谢玄无奈,只好班师回朝。没想到,他在归途中患病而亡,年仅四十六岁。统一北方的大业最终未能完成。

《晋书》中因此叹息谢玄:"庙算有遗,良图不果,降龄何促,功败垂成。"

【释义】

功败垂成:指事情在将要成功时,却意外遭到了失败。垂:接近,将要。

功亏一篑

周武王攻克商朝，建立周朝后，与边境各国建立邦交。各国也纷纷前来朝贺。西戎国派来使者，送给周武王一只大狗作为贺礼。周武王欣然收下了。

太保召公就写了篇《旅獒》献给周武王，进行劝谏。

文中说："大王圣德呀，四方都归顺于您，无论远近，都献上地方特产宝物。大王您应该将珍宝玉器分给同姓之国，以显示亲信。东西不论贵贱，关键在于德行。德行高的不能态度轻佻随意戏弄。戏弄君子，不能使其尽心，戏弄小人，无法使其尽力。玩弄人会丧失德行，玩弄物件会丧失志向。犬马、珍禽异兽这些东西不是本地所生之物，不应畜养它们。不稀罕远来的珍宝，而只重视爱惜贤能之人，才能使民心安稳。君主应每日每夜都想着德行，不忽视细微的行为，一点点积累起来，终能成就大德。就像筑一座九仞高的大山，一筐土一筐土地堆上去，才能堆起来。可是如果最后一筐土没有加上去，也不能成功。您如果从这些方面加以注意，就可以江山永固，世世代代为王了。"

周武王看了这篇谏文，从此更加勤于治国。

【释义】

功亏一篑：比喻做事因差最后一点而未能完成。亏：欠缺。篑：盛土的筐子。

狗尾续貂

西晋时，晋武帝司马炎死后，儿子司马衷继位，即晋惠帝。由于司马衷对朝政一窍不通，大权落到贾后手里。贾后阴险狡诈，赵王司马伦便以此为借口，带兵冲入宫廷，杀死了贾后，自封为相国。后来，他又废掉晋惠帝，篡权夺位，自称皇帝。

为了笼络朝臣，扩大自己的势力范围，司马伦大肆封官。不管有功没功，只要顺他心意的，都可以加官晋爵。就连司马伦家中的奴仆都得到了封赏。

按照当时的规定，王侯大臣都要戴用貂尾装饰的帽子。但是由于司马伦封的爵位实在太多，一时间貂尾供不应求，所以只好用狗尾来代替。

百姓们对这种现象十分痛恨，就编了两句民谣"貂不足，狗尾续"，用来讽刺朝廷。

【释义】

狗尾续貂：原指封官太滥。现在常常比喻以坏续好，前后不相称。

姑妄言之

宋代大文豪苏轼在黄州和儋州任职时，喜欢与各类人聊天，并能根据对方的特点选择话题，使谈话气氛轻松活泼。

当人家没什么可谈时，苏轼就让人家讲鬼怪故事。如果对方推辞说鬼怪并不存在，苏轼就说："姑妄言之（姑且随便说说）。"

于是大家经常被精彩的鬼怪故事吸引，聚在一起谈笑。

【释义】

姑妄言之：意为随便说说，内容并不一定可靠。

顾左右而言他

有一次,孟子去朝见齐宣王。孟子对齐宣王说:"我今天来,是因为有些弄不明白的事情,想请教大王。"

齐宣王便问是什么事。

孟子说:"有一个人要到楚国去,他把他的妻儿托付给朋友照顾。但等他回来时才知道,自己的妻儿一直在受冻挨饿。你认为他应该如何对待那位朋友?"

齐宣王回答:"与他绝交!"

孟子又说:"有位执法官,连自己的部下也管不了,对这种官员,该怎么处置?"

齐宣王说:"撤他的职!"

孟子接着说:"国家政事混乱,人民不能安居乐业,怎么办?"

这下触到了齐宣王的要害,齐宣王总不能简单地回答"把国君废掉",于是只得"顾左右而言他"——望着两边站立的随从,故意把话题扯到别处去。

【释义】

顾左右而言他:指因为无言以对,所以故意避开本来的话题而说别的事情。

刮目相看

三国时，吴国的大将吕蒙自幼家贫，没读过什么书，文化水平不高。

一次，吴主孙权对吕蒙说："你现在当权掌管国家大事了，应该多读点书了。"吕蒙却推说军务繁忙，没工夫读书。孙权反问道："难道你的事比我的还多吗？为什么不抓紧时间多学点东西呢？我就经常读书，收获很大。"接着，孙权谈了自己读书的收益，又举了汉光武帝、曹操等人手不释卷、勤学好读的例子。

吕蒙深受触动，从此开始认真读书。他孜孜不倦，进步很快。后来鲁肃来拜访吕蒙。两人交谈之后，鲁肃惊奇地发现，吕蒙的学问见识已经今非昔比了。他由衷地说："我以前一直觉得你没有文化，只知道动武。现在看来，你知识渊博，已经不是原来那个没有学识的粗人了。"

吕蒙笑着说："一个人离别几天后，是应该'刮目相待'的。"

"刮目相待"现用作"刮目相看"。

【释义】

刮目相看：擦亮眼睛看待。比喻改变旧看法，用新眼光看人。刮：擦拭。

管中窥豹

王献之是东晋大书法家王羲之的儿子，他聪明过人，又勤奋好学。

一次，王献之在看父亲的几个学生玩一种复杂的游戏——樗蒲之戏时，见双方互有胜负，就插嘴说了一句很内行的话："南边的风力不强。"

那几个学生轻视王献之小小年纪，就开玩笑地说："此郎亦管中窥豹，时见一斑。"意思是说，这孩子透过管孔来看豹，只看到了豹子的一块斑纹，却以为这便是豹子的全貌。

王献之听出他们嘲笑自己只看到事物的一部分就做出判断，不服气地说道："你们不要小看人。"然后愤然离去。

【释义】

管中窥豹：从竹管里看豹。比喻只看到事物的一小部分，也比喻可以从观察到的部分推测全貌。有时也用作自谦之辞，表示自己的看法不全面。窥：从小孔或缝隙里看。

广开言路

东汉安帝时，有人告发太子刘保谋反。汉安帝就太子的废立问题召集大臣们商议。大将军耿宝等人主张废掉太子。大臣来历等人反对，认为主要责任不在太子。

经过一番争论，汉安帝决定废太子。看到一些大臣都来替太子说情，汉安帝就颁发了一道诏书，上面写道：朝廷广开言事之路，有些人却把一切责任推给了别人。诏书还免去了来历等大臣的官职。

【释义】

广开言路：指让人们有充分发表意见的机会。言路：进言的道路。

过河拆桥

元朝的许有壬通过科举考试进入官场，后被提拔为参政。

宰相彻里帖木儿发现在科举考试中，很多主持省级考试的官员索贿受贿，就奏请元顺帝，请求废除科举制度。元顺帝同意了，拟定了诏书准备颁布。

许有壬听说后，提出反对意见。他认为受贿的官员毕竟是少数，大部分科举出身的人还是好的。不能因为这点问题就废除科举制度。

太师伯颜说："皇帝既然都已经决定了，我们就不要再争执了。"许有壬只得作罢。

等废除科举制度的诏令下达时，元顺帝故意让许有壬跪在最前面听，让人误以为他赞同这件事情。

散朝时，一个名叫普化的官员讥讽许有壬说："你是通过科举上来的，在宣读废除科举诏令时，你却跪在第一排，真是'过河拆桥'啊。"

【释义】

过河拆桥：自己过了河，便把桥拆掉。比喻不念旧情，在达到目的后，就把帮助过自己的人一脚踢开。

H

害群之马

　　一天,黄帝带着随从去具茨山拜见圣人大隗。方明赶车,昌寓做陪乘,张若、謵朋在马前导引,昆阍、滑稽在车后跟随。

　　来到襄城的旷野,七位圣人都迷失了方向,而且无处问路。正巧遇上一位牧马的少年,便向牧马少年问道:"你知道具茨山吗?"

　　少年回答:"知道。"

　　又问:"你知道大隗居住在什么地方吗?"

　　少年回答:"知道。"

　　黄帝看到少年回答得干脆利落,惊叹地说:"这位少年真是了不起啊!不只是知道具茨山,而且知道大隗居住的地方。那么,请问该怎样治理天下呢?"

　　少年说:"治理天下,也就像牧马一样罢了,根本不费事!我小时候独自在天地间游玩,不巧生了头眼眩晕的病,有位长者教导我说:'你还是乘坐太阳车去襄城的旷野里游玩吧。'现在我的病已经好转,我又将到宇宙之外去游玩。至于治理天下也不过如此罢了,我又何必多事啊!"

黄帝坚持说:"虽然治理天下不是你需要操心的事,但我还是想向你请教怎样治理天下。"

少年回答道:"治理天下,跟牧马有什么不同呢?也就是除掉那些害群之马罢了!"

黄帝听了,向少年叩头,行了大礼,口称"天师"退去。

【释义】

害群之马:危害马群的劣马。比喻那些危害集体的人。

邯郸学步

相传战国时,赵国国都邯郸人的走路姿势特别优美,受到外地人的赞美,许多人都前来学习。

燕国寿陵的一个少年,特地跑到邯郸来,学习邯郸人走路的姿态步法。一开始,他尽力模仿,但总是学不像。他认为这是由于自己太习惯原来的走路方式了。于是他就彻底放弃原来的习惯,一举一动完全照着邯郸人的样子来学。

不料一段时间下来,他不但没有学会邯郸人走路的姿态步法,反而连自己原来走路的步法也忘记了,最后只好爬着回去。

【释义】

邯郸学步:比喻模仿别人不成,反而把自己原有的技能也忘记了。

含沙射影

晋代干宝的《搜神记》中,记载了一种名叫蜮的怪物。蜮的形状像鳖,生长在南方的水中,耳朵特别灵敏。当它在水边时,如果听见有人的脚步声,就从嘴里喷出一种气体,射向人的身上。人中了这种气体,就会生疮。当它在水里时,如果听见人的脚步声临近,就用嘴含着细沙朝人或者人在水中的倒影喷射,人身或者人的倒影被射中,也会生病。

这当然只是一个传说,但"含沙射影"这个成语就是依据这个传说演变而来的。

【释义】

含沙射影：比喻暗中攻击或者诬陷别人。

鹤立鸡群

西晋时，晋惠帝身边有个侍从官，名叫嵇绍，身材伟岸，气宇轩昂。

嵇绍对皇上忠心耿耿。有一次，都城发生动乱，嵇绍闻讯，连忙赶往皇宫去保护皇上。宫中侍卫见有人跑来，拉开弓准备放箭。侍卫官萧隆远远地认出嵇绍高大魁梧的身材，这才及时制止了侍卫。

后来，河间王与成都王联手侵犯国都。晋惠帝亲自带兵征讨，结果打了败仗。将领官员死伤惨重，其余的人也都逃跑了。只剩下嵇绍还在拼死保护晋惠帝。箭射如雨，嵇绍用高大的身躯挡在晋惠帝前面，结果中箭无数，重伤而死。众人深为这一幕壮烈的场景所感动。

事后，有人对司徒王戎形容嵇绍殉难时的情形："嵇绍英武挺拔的样子，就像是一只野鹤立在鸡群里一样。"

【释义】

鹤立鸡群：像鹤站在鸡群里一样。形容仪表或才华出众。

鸿鹄之志

秦朝末年,有个叫陈胜的人,年少时因家境贫寒,给富人家做雇农,替人耕地。

一天,陈胜和其他雇农一起在地里干活。耕作了一阵子后,他停下手里的活,站在田垄上,想到社会上的不公正现象,感到非常失望。过了好半天,他开口道:"今后如果谁富贵了,不要忘记了各位弟兄。"

雇农们都笑着回应他说:"你不过是个耕地的雇农,哪里来的富贵啊?"

陈胜叹着气说:"唉,燕子和麻雀怎么能知道鸿鹄的志向呢?"

雇农们听了都大笑起来。他们谁也没有想到,后来陈胜在大泽乡发动起义,成为中国历史上第一个农民起义的著名领袖。

【释义】

鸿鹄之志:比喻一个人有远大的志向和抱负。鸿鹄:天鹅,比喻志向远大的人。志:志向,比喻远大的志向。

后顾之忧

南北朝时，北魏的孝文帝幼年即位，由太后临朝听政，宰相李冲辅政。

李冲治国有道，才智过人。他实行三长制，又颁行了新的租调制，遏止了贪污风潮，增加了国库收入。他还主持营建洛阳新都。其作为深得太后和孝文帝的赏识。

李冲为官清廉，从不接受贿赂。曾经有人为了谋求官职，将一匹骏马送到他府上。当时李冲不在家，他的一个亲戚擅自做主收下了。毫不知情的李冲回来看到了马，误以为是自家买来的，就骑着它外出。

送马的人见李冲收了马，却不再提及求官的事情，于是四处讲李冲的坏话。李冲得知原委后，当即就判了那个亲戚的刑，然后把马退还给送马人。

李冲对朝廷忠心耿耿。孝文帝领兵出征时，总是放心地把朝中的事务托付给李冲。李冲把朝廷内外的事情处理得井井有条，使孝文帝十分放心。

李冲病死时，孝文帝正领兵南征。听到这个噩耗，他急忙赶回京城。来到李冲的坟前，孝文帝忍不住内心的悲痛，放声大哭。他对群臣说："李冲仁义忠诚，把朝廷的事情托付给他,我即便出征在外,也没有后顾之忧。"

【释义】

后顾之忧:指来自后方的或未来的忧患。顾:回头看。

后来居上

西汉时的汲黯为人刚正,做事不拘小节,讲求实效。因政绩突出,朝廷把他从东海太守调任为主爵都尉,主管地方官吏的任免。

汲黯性情直率,敢说真话,为此他的仕途受到阻碍。有一次,汉武帝宣称要施行仁政,为百姓造福。汲黯直言快语地说:"陛下内心有那么多贪欲,何必表面上装着要施行仁政呢。"汉武帝闻言,脸色大变,十分尴尬,当即宣布退朝。汉武帝回到后宫,对身边的人说:"汲黯这个人未免太直率了。"

就这样,汲黯的职位再也没有得到提升。

汲黯刚当主爵都尉时,公孙弘和张汤都还是小官,汲黯很看不起他们。后来,公孙弘被汉武帝封为丞相,张汤也做了御史大夫,连汲黯的一些部下也被提拔上来,汲黯却一直停在原来的职位上。汲黯对此很不服气,就向汉武帝发牢骚说:"皇上用人,就好像堆积木柴,是'后来者居上'(后来的总是放在上面)啊。"

【释义】

后来居上:原指资格浅的人反而居资格老的人之上,现在常用来称赞后起之秀超过前辈。

后生可畏

孔子在外游历时,碰到了三个小孩。其中两个在一起玩耍,另外一个孩子却安静地待在一旁。孔子好奇地问他为何不与其他小孩一起玩。这个孩子回答:"激烈的打闹能害人性命,你拉我扯的玩耍也容易伤害身体,而且如果撕破了衣服,也没有什么好处。"

过了一会儿,孔子准备上路时,看到这孩子用泥土堆了一座城堡,自己坐在里面不出来,也不打算给孔子让路。孔子不解地问:"你为什么不避让车子?"

小孩回答:"我只听说车子要绕城走,没听说过城要避开车子的。"

孔子闻言,惊叹道:"你这么小小年纪,懂得的事情真不少呀。"

小孩回答："鱼出生三天就会游泳，兔子出生三天就能在地里跑，马出生三天就可以跟着母马行走。这都是自然的事情，有什么大小可言呢？"

孔子感慨地说："我现在才知道少年人真是了不起呀。"

【释义】

后生可畏：指青少年是新生力量，很有可能超过前辈，因而值得敬畏。后生：青年人，后辈。畏：敬畏。

狐假虎威

战国时代，楚国在楚宣王当政的时候，北方各国都惧怕楚国的大将昭奚恤，楚宣王为此感到奇怪，便问朝中大臣，这究竟是为什么。

一位名叫江一的大臣，向楚宣王讲了这样一个故事：

从前在一个山洞中有一只凶猛的老虎，因为肚子饿了，便跑到外面寻找食物。当它走到一片茂密的森林时，忽然看到前面有只狐狸正在散步。它便一跃身扑过去，毫不费力地将狐狸抓住了。

当老虎张开嘴巴，正准备吃那只狐狸时，狡猾的狐狸突然说话了："你不敢吃掉我！因为我是天帝派来当百兽之王的，你要是吃掉了我，就违背了天帝的命令！"

老虎听了狐狸的话，半信半疑，看到狐狸那副傲慢镇定的样子，迟疑着不敢吃它。狐狸知道老虎对自己的话已经有几分相信了，便更加神气十足地挺起胸膛说："难道你不相信我说的话吗？那么你现在就跟我来，走在我后面，看看所有的野兽见了我，是不是都吓得魂不附体，抱头鼠窜。"

老虎觉得这个主意不错，便照着去做了。于是，狐狸就大模大样地在前面开路，而老虎则小心翼翼地在后面跟着。一路上，动物们看到跟在狐狸后面的老虎，都大惊失色，四散奔逃。

老虎目睹这种情形，不禁也有一些心惊胆战，于是就放了狐狸。它并不知道野兽怕的是自己，还以为它们真是怕狐狸呢！

讲完故事后，江一对楚宣王说："因此，北方各国之所以畏惧昭奚恤，完全是因为大王的军队全掌握在他的手里，也就是说，他们畏惧的其实是大王的权势呀！"

【释义】

狐假虎威：狐狸假借老虎的威势。比喻借别人的威势吓唬人。假：借。

囫囵吞枣

一个自作聪明的人听人说：生梨对人的牙齿有益，却对脾有害；而红枣正好相反，能健脾，却伤牙。于是他想了好半天后，说："我明白了，以后吃梨时只嚼不咽，就不会伤到我的脾；吃枣时不用嚼，整个吞下去，就不会伤到我的牙齿了。"

别人笑话他说："吃梨只嚼不咽，倒是可以做到；囫囵吞枣，可怎么受得了呢？"

【释义】

囫囵吞枣：不加咀嚼，把枣子整个吞下去。比喻学习时不加分析，不求理解，笼统地接受。囫囵：整个的。

画饼充饥

三国时，魏国的大臣卢毓为官清正，深受魏文帝信任。魏文帝将他从中书郎的职位提拔到吏部尚书，掌管官吏的任命升迁。

魏文帝让卢毓选一位接替中书郎职务的人。魏文帝说："挑选人才，千万不要挑那些有名气但没有实际才能的人。名气就像是画在地上的饼，能看却不能吃了充饥。"

卢毓对此却有不同意见。他说："选拔官员当然不能只看名气。但名气也是重要的参考。如果是修养好、德行好而又有名气的，就不应该嫌弃他们。臣建议选拔人才时应对他们进行考核，看他们是否有真才实学。单将名气作为取舍的标准，很难辨别真伪。"

魏文帝觉得卢毓的意见比较中肯，就下令制订了考核官员的方法。

【释义】

画饼充饥：画个饼子来解饿。比喻徒有虚名而无实惠，于事无补。后来也比喻借空想来安慰自己。

画龙点睛

南北朝时的梁朝有个叫张僧繇的画家，他特别擅长画龙。他画的龙出神入化，栩栩如生。

传说有一次，张僧繇在金陵安乐寺的墙壁上画了四条白龙，样子非常逼真，但都没有画眼睛。人们看了很奇怪，问他为什么不给龙画上眼睛。他回答说："如果画了眼睛，它们就会马上乘云飞走。"

大家都说张僧繇吹牛，执意要他画上眼睛试试看。

张僧繇见众人不相信他的话，只好给其中的两条龙点上了眼睛。顷刻间，雷电交加，只听轰隆一声巨响，墙壁破裂，那两条点了眼睛的龙腾云驾雾地飞上了天，剩下两条没点眼睛的龙留在墙壁上。大家这才信服。

【释义】

画龙点睛：原形容梁朝画家张僧繇作画的神妙。后多比喻写文章或讲话时，在关键的地方用一两句话点明要旨，使内容更加生动传神。

画蛇添足

战国时，楚国有个贵族，在祭祀完祖先后，把一壶酒赏赐给帮他看守庙宇的几个人。但人多酒少，很难分配。于是有人提议来个画蛇比赛，谁先画好，谁就先喝这壶酒。

大家一致赞成，于是各自开始在地上画蛇。其中有个人很快就画完了。他见其他人还在画，便左手拿着酒壶，右手提着画笔，得意扬扬地说："我还可以替蛇画上脚呢！"

正当他在画蛇脚的时候，另外一个人也画好了。那个人毫不客气地一把夺过他手中的酒壶说："蛇是没有脚的，你怎么能替它添上脚呢？"说罢，痛快地喝起酒来。第一个画完画的那个人只好懊悔地在一边干咽口水了。

【释义】

画蛇添足：画蛇时给蛇添上脚。比喻多此一举，不但无益，反而坏事。

火树银花

唐代的睿宗虽然只当了三年的皇帝，但他十分喜欢享乐，每逢节日，都要花费大量的人力物力铺张一番，供他玩乐。正月元宵的夜晚，他总是让人扎起二十丈高的灯树，点起五万多盏灯，号称火树。

诗人苏味道写了一首诗《正月十五夜》，描写了当时的情形。诗中这样写道："火树银花合，星桥铁锁开。暗尘随马去，明月逐人来。游伎皆秾李，行歌尽落梅。金吾不禁夜，玉漏莫相催。"生动地将元宵夜灯火灿烂、人潮涌动的热闹场景展现出来。

【释义】

火树银花：形容节日夜晚灯火或烟火绚丽灿烂的景象。火树：火红的树，指树上挂满彩灯。银花：银白色的花，指灯光雪亮。

祸起萧墙

春秋时，大夫季康子执掌了鲁国大权。他担心鲁国的附庸国颛臾会帮助鲁哀公来收回自己的权力，就先发制人，率军攻伐颛臾。

孔子的弟子冉有、季路听到这个消息后，马上跑来告诉孔子说："季氏快要攻打颛臾了。"

孔子说："冉有，这难道不是你的过错吗？颛臾是当年周天子让它主持东蒙的祭祀的，而且它在鲁国的疆域之内，是国家的臣属啊，为什么要讨伐它呢？"

冉有说："是季孙大夫想这么做，我们两个人都不愿意。"

孔子说："冉有，周代的史官周任曾说过：'按才力担当适合的职务，做不好的话就辞职。'如果有了危险不去扶助，跌倒了不去搀扶，那还用辅助的人干什么呢？而且你的话也说错了。老虎、犀牛从笼子里跑出来，龟甲、玉器在匣子里毁坏了,这是谁的过错呢?"

冉有说:"现在颛臾城墙坚固,而且离费邑很近。现在不夺取它,将来一定会成为子孙的忧患。"

孔子说:"冉有,君子痛恨那种掩饰真实目的,为自己的行为找借口辩解的做法。我也听说,对于诸侯和大夫,不怕贫穷,而怕财富不均;不怕人口少,而怕不安定。这是因为财富均了,也就没有所谓的贫穷;大家和睦,就不会感到人少;安定了,也就没有倾覆的危险了。如果这样,远方的人还不归服,就用仁、义、礼、乐招徕他们;既然来了,就让他们安心地住下去。现在,季路和冉有你们两个人辅助季氏,远方的人不归服,你们却不能招徕他们;民心离散,你们却不能使人民安定,反而在国内谋划使用武力。我只怕季孙的忧患不在颛臾,而是在自己的内部呢!"

【释义】

祸起萧墙:比喻祸害发生在内部。萧墙:古代宫室内当门的小墙,比喻内部。

J

机不可失

　　唐朝初年，高祖李渊为了平定天下，派大将李靖统率大军，去攻打蜀郡的萧铣。浩浩荡荡的军队迅速向蜀郡进发。

　　蜀郡山高路险，更有险要的长江三峡阻隔，易守难攻。得知李靖大举进攻的情报，萧铣先是大吃一惊，继而哈哈大笑，对部将说道："眼下正值寒秋，难道他李靖的几十万兵马能飞过长江？三峡天险，水路险恶，他纵然神通广大，也难免葬身鱼腹。李靖不过是虚张声势而已，不必多虑。"部将们听了萧铣的话，都放下心来，放松了防守。

　　李靖率领大军来到长江边，只见大浪滔天，势如千军万马，奔腾咆哮，看得人心惊胆寒。见此情景，有位将领建议道："江水泛滥，三峡险峻，渡江十分困难，我们不如等江水退了，再打过江去。"

　　李靖登高远望滔滔江水，语气坚定地说："兵贵神速，机不可失。萧铣一定认为我们被江水阻隔，不会马上进攻。我们必须在他还没有调集兵马之前，趁着这江水猛涨的大好时机，迅速渡过江去，攻到城下。这才是用兵的上策。"

在李靖的指挥下，将士们奋勇争先，很快攻下夷陵，杀伤敌军数万，掳获船只四百余艘。接着，他们乘胜前进，占领江陵，直逼蜀郡。

在李靖强大的攻势下，萧铣被迫带领部下投降。

【释义】

机不可失：指机会不可错过。失：错过。

鸡鸣狗盗

战国时，齐国的孟尝君出游秦国。秦昭王赏识孟尝君的才能，想拜他为秦国的宰相。秦国的大臣们反对说："孟尝君是齐国人，做事肯定会先考虑齐国，这对秦国不利。现在既然他来了，就不应再放他回去。"于是秦昭王就将孟尝君囚禁起来，打算处死他。

在这危急的时刻，孟尝君派人去找秦昭王的宠妃燕姬代为求情。燕姬提出的条件是，想要一件白狐狸皮袍。可是，白狐狸皮袍价值千金，天下只有一件，孟尝君已经把它送给秦昭王了。

　　孟尝君很着急，问遍随从的门客，是否有办法应对。坐在最下座的一个门客能学狗叫，他说自己能拿到白狐狸皮袍。晚上，他学着狗叫，偷偷爬进秦宫藏宝物的仓库，偷回了那件皮袍，转送给了燕姬。

　　燕姬得到皮袍后，就在秦昭王面前为孟尝君说好话。秦昭王一时心软，就放了孟尝君。孟尝君连夜逃出秦宫，改名换姓一路出关。此时，秦昭王又后悔放走了孟尝君，他赶紧派人去追。

　　孟尝君逃至函谷关时，关门还没有开。守关的规定是鸡鸣时才放人出关。孟尝君害怕追兵赶来，十分焦急。这时，又有一个门客装起了鸡叫，引得附近的众鸡齐鸣。守关的士兵听到鸡叫，便打开了关门，孟尝君一行得以逃脱。

【释义】

　　鸡鸣狗盗：学鸡啼叫，装狗窃物。比喻卑微的技能。鸣：叫。盗：偷东西。

嫁祸于人

　　春秋战国时期，韩国的上党太守冯亭派使者去赵国，对赵国孝成王说:"韩国守不住上党,愿将上党的十七座城池送给大王。"孝成王闻言大喜,招来平阳君赵豹征询意见。

赵豹说:"秦国对上党地区垂涎已久。韩国不把十七座城池送给秦国,反而送给我们,分明是'欲嫁其祸与赵也'(想把灾祸转移到赵国头上)。依我看,这十七座城池不能接受。"

孝成王不听他的意见,执意接收城池。结果,第二年赵国就被秦国打败了,四十万大军全军覆没。

后来,"嫁祸于赵"逐渐演变为"嫁祸于人"。

【释义】

嫁祸于人:把灾祸转移到别人头上。嫁:转移。

兼听则明,偏信则暗

唐太宗时,宰相魏徵以敢于向皇帝进谏闻名。无论何时何地,只要唐太宗有不妥之处,魏徵都会直言劝说,即使唐太宗为此而大发雷霆,他也毫不畏惧。唐太宗因此对魏徵是既赏识又敬畏。

一次,唐太宗问魏徵:"作为君主,怎样才能正确判断是非而不糊涂呢？如果做错了事情，又是出于什么原因呢？"

魏徵回答说："如果能听取各方面的意见，就可以得出正确的结论；如果只听信一面之词，就会因为考虑问题片面而办错事情。"

随后，魏徵列举了历史上许多君主偏听偏信酿成恶果的例子。唐太宗听了，连连点头称是。

魏徵病逝后，唐太宗遗憾地说："一个人用铜作镜子，可以照见衣帽是否穿戴得端正；用历史作镜子，可以知道国家兴亡的原因；用人作镜子，可以发现自己做得对与不对。现在魏徵死了，我失去了最珍贵的一面镜子。"

【释义】

兼听则明，偏信则暗：广泛地听取多方面的意见才能明辨是非，单信一方面的话必然昏聩糊涂。明：明白。暗：昏聩，糊涂。

江郎才尽

南北朝时，有个文人叫江淹，人称江郎。年轻时，他虽家境贫寒，但读书勤奋，才思敏捷，写得一手好诗文，为世人所称赞。可到了老年，他写的诗文渐渐变得平淡，没有了才气。关于他文采减退的原因，民间流传着一些说法。

传说江淹晚年曾两次得梦。一次，江淹乘船泊于禅灵寺水边。晚上睡觉时，他梦见一个自称叫张景阳的人对他说："我曾经在你这里寄放了一匹锦，现在你可以还给我了。"江淹从怀里掏出几尺锦，还给他。张景阳大怒道："怎么截断得只剩下这么一点点了！"从那以后，江淹的文章就写得不流畅了。

还有一次，江淹在冶亭睡觉，梦见一个自称郭璞的人对他说："我有支笔放在你这儿好多年了，现在你可以还给我了。"江淹就从怀里摸出一支五色笔交给他。此后，江淹所写的诗文再无佳句。人们都说江淹才尽了。

【释义】

江郎才尽：比喻才思减退，才能大不如以前。

姜太公钓鱼，愿者上钩

商朝末期，有个叫吕尚的人，因不满商纣王的暴虐统治，不远千里来到周国。吕尚听到百姓都在传颂周文王治国贤明，知道自己终于找到了明君，有朝一日定能实现自己的政治抱负。

吕尚想到贸然去求见周文王不太妥当,所以就隐居在渭水边上,每天在水边钓鱼。但他的钓鱼方法很奇特:鱼钩是直的,放在离水面三尺以上的地方,鱼钩上没有鱼饵。过路人看到他如此垂钓都取笑不已,他却一本正经地说:"愿者上钩来。"

一天,周文王外出打猎来到渭水边,见到吕尚,就好奇地请教他为何这样钓鱼。吕尚笑着说:"因为我要钓的不是鱼,而是天下的明君啊。"周文王便与吕尚谈论起治国之道来,两人谈得很投机。后来,周文王请吕尚做了国师。

吕尚辅佐周文王和后来的周武王消灭了商朝,开创了周朝的新纪元。据说,吕尚的祖先姓姜,所以民间俗称他为姜太公。

【释义】

姜太公钓鱼,愿者上钩:比喻心甘情愿地上别人的圈套。

狡兔三窟

齐国相国孟尝君门下有个食客,名叫冯谖。他足智多谋、聪明善辩，被孟尝君派往薛地收债。临行前，冯谖问孟尝君："收债之后买些什么东西回来？"孟尝君答道："你看我缺少什么就买什么好了。"

冯谖到了薛地，见一些欠债者都是贫苦庄户，立即以孟尝君的名义宣布债款一笔勾销，并将各家各户的债务契约烧掉了。百姓们都感激不尽。

回去后，孟尝君见到冯谖，问他给自己买了什么，冯谖说："你财宝、马匹、美女应有尽有，唯独缺'仁义'，我就替你买了'仁义'回来。"

当孟尝君知道冯谖以他的名义免除了薛地的债务后，又气又怒，但是因为已经无法挽回而无可奈何。

一年后，孟尝君被齐王罢免了相位，只好退居薛地生活。薛地的百姓听说孟尝君来了，扶老携幼走出数十里路，夹道欢迎孟尝君。此时，孟尝君才明白冯谖为他买的"仁义"的价值所在，连连感谢冯谖。

冯谖说："狡猾的兔子有三个洞穴，仅能使其免于被猎人打死或被猛兽咬死。您如今只有一处安身之所，所以还不能高枕无忧啊！"

孟尝君就请冯谖为他再想些办法。冯谖便去了魏国，在魏王面前大大称赞孟尝君的才能。魏王马上派使臣带着许多财物和马车去齐国，聘请孟尝君为相。冯谖又赶在魏使到达前求见齐王，告知他魏王要聘请孟尝君为相的消息，并指出其中的利害关系。齐王被说服，立即恢复了孟尝君的相位。

之后，冯谖又建议孟尝君向齐王请求，在薛地建造宗庙，供奉先王赐的祭器。如此一来，齐王就派兵保护薛地。宗庙建成后，冯谖对孟尝君说："三个洞穴都已经建好了，现在您可以高枕无忧了。"

【释义】

狡兔三窟：狡猾的兔子有三个窝。比喻应多想几个办法保护自己，以免受害。窟：洞穴。

揭竿而起

秦二世元年，阳城九百名壮丁被征去驻守渔阳。陈胜、吴广是这支队伍的首领。

队伍行至大泽乡时，恰逢连日大雨，道路泥泞难行。按照这个速度，已不可能如期赶到渔阳。按照秦法，逾期不到目的地就要被处死。

陈胜和吴广商量说："事已至此，逃走也是死，造反也是死。与其等着被杀头，还不如在这里起义。"

于是他们"斩木为兵，揭竿为旗"（砍下树枝做武器，高高地举起竹竿当作旗帜），率领壮丁们起义反秦。

他们的举动受到了天下百姓的热烈响应，山东各地的豪杰纷纷起义。秦王朝很快就灭亡了。

【释义】

揭竿而起：高举义旗，起来斗争。后泛指人民武装起义。揭：高举。竿：竹竿，代旗帜。

嗟来之食

战国时，有一年，齐国大旱，庄稼颗粒无收，发生了饥荒。百姓流离失所，四处讨饭。

有个叫黔敖的富人在路边摆了很多食物，等着饥民过来吃。一个蓬头垢面、衣衫褴褛的饿汉向这边走来，他用草绳把一双破烂不堪的鞋子勉强绑在他的脚上。饿汉用破烂的袖子蒙着面孔，他因身体虚弱而走得跌跌撞撞。

黔敖看到他，就左手拿着吃的，右手拿着喝的，吆喝道："喂，过来吃吧！"

那饿汉抬起头，睁大眼睛看着黔敖和食物，说："我就是因为不吃这种'嗟来之食'，才饿成这副样子的！"

饿汉拒绝了黔敖的施舍，最终因不吃东西而饿死了。

【释义】

嗟来之食：指带侮辱性的施舍。嗟：不礼貌的招呼声。相当于现在的"喂"。

竭泽而渔

晋国和楚国发生了城濮之战。晋文公看到楚军比自己强大，便问大臣咎犯："楚国兵多，我们兵少，怎样才能以少胜多？"

咎犯回答说："我听说讲究礼节的人，不怕繁文缛节；善于打仗的人，不厌欺诈，您就用欺诈之术吧。"

晋文公把咎犯的话告诉了雍季，征询他的意见。雍季虽然同意咎犯的说法，但提出了告诫："把池塘的水抽干来捕鱼，怎么会捕不到鱼呢？不过明年就没鱼可捉了。把山上的树木烧光了来捉野兽，怎么会捉不到野兽呢？但明年就没有野兽了。现在用欺诈的办法当然可行，但以后就没法再用了。这终究不是长久之计。"

晋文公采用了咎犯的建议，在城濮打败了楚军。

庆功封赏时，晋文公却优先奖赏了雍季。左右大臣进谏说："城濮之战的胜利，应归功于咎犯的计谋。大王您听从了他的话，却没有先赏赐他，这样似乎不合适啊。"

晋文公回答说:"雍季的话利于百世,咎犯的话却只是一时有用。哪有让一时之功优先于百世之利的道理呢?"

【释义】

竭泽而渔:排干湖水去捕捉鱼。比喻只图眼前利益不作长远打算。也比喻残酷榨取,不留余地。竭:尽。泽:池,湖。渔:打鱼。

借花献佛

从前在一个小镇上,闹蝗虫闹得很厉害,不管种什么庄稼都长得不好,加上常常有猛兽下山吃鸡鸭,镇民感到十分惶恐。因此佛祖释迦牟尼特地从天上降临人间,施展佛法收拾了蝗虫,也驯服了猛兽。

镇上的人十分感谢佛祖,许多人准备了丰盛的礼物送给释迦牟尼。其中有一位穷人特地为佛祖献上一束鲜花。释迦牟尼看到送花的人衣衫褴褛,忍不住说:"你家里这么穷,何必花钱买这些花呢?"

献花的人说:"佛啊,实不相瞒,我家里是很穷,就连这束花都是我借钱买来的。可是,这是我的一片诚心,感谢您为我们除害,使我们安居乐业。所以,请您一定要收下。"

释迦牟尼听了十分感动。

【释义】

借花献佛：比喻拿别人的东西送人情。

噤若寒蝉

东汉时，杜密曾任郡太守和尚书令。他为官清正，执法严明，无论是什么人犯法，他都依法严惩。此外，他还爱才，总是设法举荐贤能。

杜密告老还乡后，仍然关心政事，时常和当地官员讨论时事，推举贤能，揭发违法乱纪之事。

与杜密同郡的，还有一个叫刘胜的人也告老还乡了。但他和杜密的做法完全不同——他闭门谢客，从不谈论政事。

一次，太守王昱谈起刘胜时，夸赞他是清高之士。杜密不同意这种说法，他说："刘胜地位很高，受到上宾的待遇。但他知道有贤士却不推荐，听说有人作恶也不吭声，就如同冷天的蝉一样不再鸣叫。他只求自保，不顾国家，这样的人有什么值得称赞的呢？"

成语"噤若寒蝉"便是由杜密的话演化而来。

【释义】

噤若寒蝉：指像深秋的蝉，因寒冷而不再鸣叫。比喻不敢说话。噤：闭口不作声。寒蝉：晚秋的蝉，因为寒冷不再鸣叫。

近水楼台

北宋时，范仲淹曾任杭州知府。他平易近人，乐于提携别人。他手下的许多官员都因得到他的推荐，调任理想的职务。

有个叫苏麟的人，因为是在外县做官，范仲淹没有注意到他，因此没有予以推荐。苏麟便写了一首诗送给范仲淹。诗中有这样两句："近水楼台先得月，向阳花木易为春。"意思是，靠近水边的楼台，即便不抬头望月，也可以看到水中映出的月影。春天的花木欣欣向荣，但迎着阳光的花木，更能茁壮成长。以此暗喻范仲淹不能只优先照顾自己身边的人，也要考虑一下像他这样的人。

范仲淹看了这首诗后，明白了苏麟的意思，不由得哈哈大笑。于是范仲淹满足了苏麟的愿望，为他推荐了新的职务。

【释义】

近水楼台：比喻由于环境或职务上的便利而获得优先的机会。

惊弓之鸟

战国末期,赵、楚、燕、齐、韩、魏六国决定联合起来,抵抗日益强大的秦国。一天,赵国使者魏加和楚国的春申君在一起讨论推选抗秦联军主将的人选。春申君提出让临武君担任主将。魏加连连摇头。春申君问他是何缘故。魏加就讲了这样一个故事:

魏国有个百发百中的射箭能手,名字叫更羸。一天,更羸陪魏王到野外游玩,看到空中飞来一只大雁,就说:"我只要拉一下弓,不用射箭,就能把大雁射下来。"魏王不相信,更羸就瞄准大雁,一拉弓弦,大雁立刻从天上掉了下来。

魏王夸奖他本领大,更羸解释说:"这只大雁飞得很慢,叫声又很悲伤,肯定被箭射中过,受过惊吓,伤口还未痊愈。现在听见弓弦响,它以为又被箭射中了,就拼命想往高处飞,结果挣裂了伤口,掉了下来。

故事讲完后,魏加解释说:"临武君刚被秦军打败过,看到秦军就会害怕,如同惊弓之鸟一样,怎么能让他担任主将呢?"

春申君听了,不住地点头称是。

【释义】

惊弓之鸟:被弓箭吓怕了的鸟。比喻受过惊吓或打击的人,再遇到类似的情况,就会惊慌害怕。

井底之蛙

传说东海边有一口井,井里住着只青蛙。它对外面的世界一无所知。

一天,井口来了只海龟。青蛙看到了,就对它说:"我住在这井里,最逍遥自在了。我可以在泥地上蹦来蹦去,还能在水里游泳。你也下来玩玩吧。"

海龟告诉青蛙说:"我生活的大海宽广得分不清天与水,深得没有底。就是发几年大水,海水也不会涨;几年干旱不下雨,海水也不会浅下去。住在大海里,那才真叫逍遥自在呢。"

青蛙听得目瞪口呆。

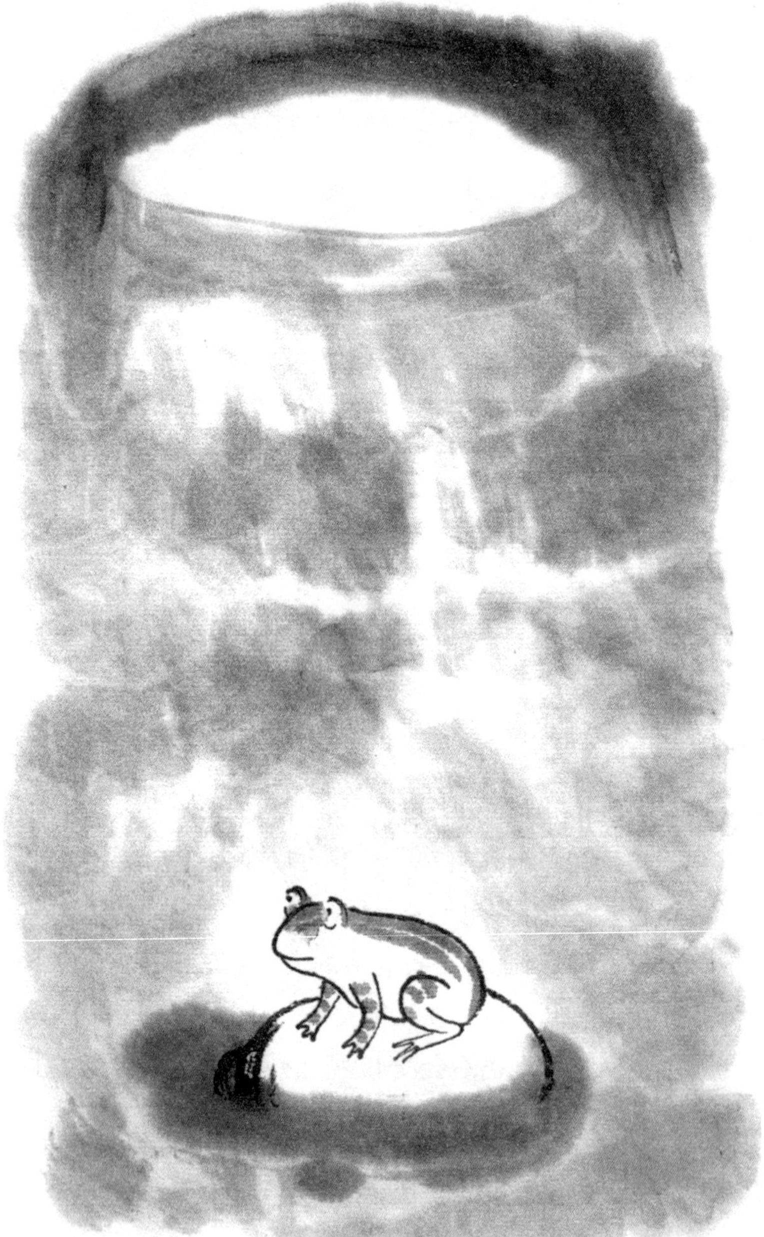

【释义】

井底之蛙：比喻见识短浅的人，像井底的青蛙一样。

九牛一毛

西汉时，大将李陵率兵深入到匈奴的国境内与之作战，后来战败投降。汉武帝得知这一消息非常生气，大臣们也都纷纷责骂李陵无用和不忠。司马迁却站在旁边一声不响，汉武帝便问他对此事的意见。

司马迁直率地说："李陵只有五千步兵，被匈奴八万骑兵围住，他能坚持战斗十几天，杀伤一万多敌人，已经算是一位了不起的将军了。最后因粮尽箭完，又被切断了归路，李陵才被迫投降。他的功劳应该可以抵消弥补他的失败之罪。"

听到司马迁为李陵辩护，汉武帝一怒之下，将司马迁投进大牢。次年，又有消息传来，说李陵在为匈奴练兵。汉武帝不问明事情的原委，就下令杀了李陵的母亲和妻子。司马迁也被处以最残酷、最耻辱的"腐刑"。

司马迁受到这种摧残，痛苦不堪，想要自杀。但他冷静下来仔细一想，像自己这样地位低微的人，即便死了，在掌管权势的人眼中，也不过像"九牛亡一毛"（很多牛身上少了一根毛），如同死掉一只蝼蚁般无足轻重。于是他忍辱负重，坚强地活了下来，用毕生精力写成了伟大的著作《史记》。

司马迁把自己的想法写信告诉了好友任少卿。后人根据他信中的"九牛亡一毛"这句话，引申出了成语"九牛一毛"，用来比喻某种东西或某种人才仅是极多数里面的一部分，好像九头牛身上的一根毛一样。

【释义】

九牛一毛：从许多牛身上拔出一根毛来。比喻微不足道。

居安思危

春秋时期，郑国想攻打邻国宋国，以扩充自己的势力。由于担心晋、楚两个强国干涉，郑简公就采用了离间计，试图制造晋、楚之间的矛盾。可没想到的是，晋、楚两国并没有中计，郑国反而被晋国的魏绛率军打败。郑简公只得求和，献给晋国很多马车、乐器、美女等礼物。

晋悼公非常高兴，分出一部分礼物，赏赐给功臣魏绛。魏绛推辞不受，他说："这次获胜是国家的洪福，凭借的是君主英明、群臣努力。我的功劳算不上什么。现在晋国虽然很强大,但是我们绝对不能因此而大意。希望君主在安乐的时候,能想到国家还有危险存在。居安思危,思则有备,有备无患(人在安全的时候,一定要想到未来可能会发生的危险,这样才会先做准备,以避免失败和灾祸的发生)。"

【释义】

居安思危:处在安定的环境中,要想到可能出现的危难。居:处于。思:想。

鞠躬尽瘁

东汉末年,诸葛亮辅佐刘备南征北战,建立蜀国,与魏、吴形成三国鼎立的局面。

刘备死后,诸葛亮又辅佐刘备的儿子刘禅。因刘禅昏庸无能,只图享乐,所以国内的军政大事都由诸葛亮全力操持。

诸葛亮根据天下形势,主张联吴伐魏。等各方面都筹备齐全后,诸葛亮决定出兵伐魏。临行前,诸葛亮上表刘禅,劝他听信忠言、富国强兵,这道奏表就是有名的《前出师表》。

遗憾的是，此次北伐失利，诸葛亮退兵回蜀。过了几年，他决定再次北伐。当时，有些人提出反对意见，于是，诸葛亮在出师前又写了篇奏表给刘禅。文中详细分析了敌我形势，说明道：蜀国与魏国势不两立，蜀国若不攻打魏国，魏国必来攻打蜀国。在奏表的最后，诸葛亮表示，自己将忠心报国，鞠躬尽瘁，死而后已。这就是著名的《后出师表》。

《前出师表》和《后出师表》皆文采斐然，情真意切，表达了诸葛亮一心为国的忠贞气节，成为历史上的散文名篇。

【释义】

鞠躬尽瘁：表示小心谨慎、竭尽全力去效劳。鞠躬：弓着身子弯腰行礼，表示恭敬、谨慎。瘁：劳累。

举棋不定

春秋时，卫献公荒淫无道，凶残暴虐，举国上下怨声载道。卫国大夫宁惠子和孙文子认为这样下去，卫国必亡。于是他们商定出挽救危局的办法，就是将暴戾的卫献公驱逐出国，另立新君。

他们的决议得到了广泛支持，并且行动进展顺利。卫献公仓皇出逃，公孙剽被立为国君，即卫殇公。朝政得以稳定下来。

十余年后，宁惠子病终前，深为自己当年驱逐国君的行为感到耻辱，于是他留下遗言，嘱咐儿子宁悼子，等他死后，把卫献公迎回来，以减轻他逐君的过失。任左相之职的宁悼子答应了父亲。

此时，逃至齐国的卫献公在齐、晋两国的支持下，占据了夷仪这块地盘，有意回国复位。听说宁惠子的事情后，他便派人给宁悼子捎信说："只要能让他回国复位，他就保证施仁政，并将朝政交给宁悼子做主。"

宁悼子向朝中大臣提出了请卫献公回国的打算，众臣纷纷反对。大夫右宰榖说："前些日子我见到过卫献公，据我观察，他的残暴本性并未改变。如果让他重当国君，朝政又会陷入混乱，到时候百姓遭殃，我们也会为他所害。"

大夫叔仪说："君子做事情，要考虑它的后果。古人说：'谨慎地开始，郑重地结束，才不会陷入困境。''时时刻刻不放松，来帮助一个人。'下围棋的人如果'举棋不定'，犹豫不决，就一定会输。宁悼子看待国君还不如下围棋，日后肯定不能幸免于祸患。下棋的人举棋不定，就不能胜过对手，更何况安置国君这样重大的事情呢？九代相传的卿族，到宁悼子这里就要被一举消灭了，这是多么可悲啊!"

宁悼子不顾众人的劝告,坚持接回了卫献公。果然,卫献公复位后不久,就把宁悼子全家杀了。

【释义】

举棋不定:拿着棋子,不知走哪一步才好。比喻做事犹豫不决。棋:棋子。

卷土重来

秦朝灭亡以后,楚汉相争。西楚霸王项羽由于刚愎自用,用人不善,在战略上连连失误。垓下一战,更是被刘邦的队伍打得溃不成军。项羽带着残余的兵马一路拼杀突围,逃到乌江边时,仅剩的几十个随从也都战死了。

走投无路之际,乌江亭长撑着小船赶来,对项羽说:"长江以东的地方虽然不大,但也有千里土地,几十万人口,足以称王了。请大王上船,我把您送回江东。您总有一天可以卷土重来。"

但是项羽悲叹道:"天要亡我,我还过江干什么?当年我带领八千江东子弟打天下,如今只剩下我一个人。我无颜见江东父老啊。"

项羽最终拒绝了亭长的援助,在江边自刎而死。

唐朝诗人杜牧有感于此事,写了首《题乌江亭》。诗中写道:"胜败兵家事不期,包羞忍耻是男儿。江东弟子多才俊,卷土重来未可知。"叹息项羽过于刚烈,没有能屈能伸的气度。

【释义】

卷土重来:比喻失败以后又重新恢复势力。也比喻消失了的人或事物重新出现。卷土:卷起尘土,形容人马奔跑之状。

K

开诚布公

　　三国时期,诸葛亮任蜀国丞相,深得蜀主刘备信任。刘备临终前,将儿子刘禅托付给诸葛亮,并且说:"你的才能强过曹丕十倍,一定能够安邦定国,成就大业。如果我儿子值得辅佐,就辅佐他;如果他不成器,你可以取而代之。"刘备还嘱咐刘禅,要像对待父亲一样地对待丞相诸葛亮。

　　刘备死后,诸葛亮竭尽全力辅佐后主刘禅。他待人处事诚恳公正,不徇私情。当诸葛亮十分赏识器重的将军马谡失守街亭时,诸葛亮不仅按军法处死了他,自己也主动请求降职。他还特地下令,让下属批评他的过失。

　　公元234年,诸葛亮积劳成疾,病死军中。没有给后代留下任何财产。

　　《三国志》的作者陈寿因此评价诸葛亮是:"开诚心、布公道。"

"开诚布公"由此简化而来。

【释义】

开诚布公：诚意待人，坦白无私。

开卷有益

宋太宗喜好读书。他召集全国有名的学者，历时六年，精心编纂了一部百科全书性质的巨著。这部书共有一千卷。宋太宗极为欣赏这部书，将其命名为《太平御览》，意思是这部书是宋太平兴国年间编成的，皇帝亲自阅读过的书。

宋太宗决定每天看三卷，用一年的时间把全书看完。无论国事多么繁忙，他都要挤出时间，按照计划把当天的三卷书读完。为此，常常到半夜三更他还在灯下阅读。大臣们见他这么辛苦，就劝他别太劳累，少读点书，多保重身体。宋太宗对大臣们说："只要打开书本读书，就一定会有收益。读书是件愉快的事情，我不觉得疲倦。"

就这样，宋太宗坚持了一年，终于把这部书读完了。

【释义】

开卷有益：只要读书就会有好处。开卷：打开书本，指读书。益：好处。

刻舟求剑

战国时，楚国有个人，随身带了把宝剑，坐船渡江。船行到江心时，他一不小心，把宝剑掉到江中。

同船的人都为他感到惋惜，劝他赶紧想办法打捞。可他却一副不慌不忙的样子，从身上掏出一把小刀，在船舷上刻了一个记号。大家不明白他为什么这么做。他解释说："这是我宝剑落水的地方，所以我要刻个记号。"

船靠岸后，这个人立刻让人从船上刻了记号的地方下水，帮他打捞宝剑。但是捞了半天，什么也没捞上来。他觉得很纳闷，自言自语道："我的宝剑明明是从这里掉下去的呀，我还刻着记号，怎么会找不到呢？"

围观的人都哈哈大笑起来，对他说："你的宝剑沉在水底是不会动的，而船却一直在向前行进。你怎么可能找得到你的宝剑呢？"

【释义】

刻舟求剑：比喻拘泥不变通，不知道根据实际情况处理问题。求：寻找。

口蜜腹剑

唐玄宗时期，宰相李林甫嫉贤妒能，为人阴险。他总是花言巧语地说些奉承话，骗取皇上的信任，而对朝中大臣，则想方设法压制排挤。为了摸透皇上的喜好，他甚至买通了皇上身边的人，随时掌握皇上的一举一动。

中书侍郎严挺之为人刚正不阿，对李林甫一向十分鄙视。李林甫得知唐玄宗想要重用严挺之，就在唐玄宗面前大进谗言，结果严挺之被贬到了外地。

过了不久，唐玄宗念及严挺之的才能，又想将他调回京城委以重任。李林甫听到消息，急忙找到严挺之的弟弟说："皇上十分惦记你哥哥，你不如赶快告诉你哥哥，让他上书，说自己得了风湿，请皇上允许他进京治疗。"严挺之的弟弟不知其中有诈，就照办了。而严挺之听了弟弟的话，深信不疑，依计行事。

李林甫却又在唐玄宗面前说："严挺之年事已高，又身患风湿，恐怕难当重任了。"唐玄宗不明真相，就打消了重用严挺之的念头。

就这样，李林甫瞒上欺下，暗算了很多人。熟悉他的人都说他是嘴上涂蜜，肚子里却藏着剑。

【释义】

口蜜腹剑：比喻人嘴甜心毒，阴险狡诈。

口若悬河

晋朝时，有个大学问家，名叫郭象，字子玄。他学识渊博，洞察世事，无论对书本知识还是对社会现象，都有独到的见解。他对老庄学说的研究也十分深入。

郭象的名气越来越大。朝廷多次请他去做官，他一再谢绝，只以研究学问和谈论哲理为乐事。

郭象口才很好，他的语言生动，说起话来头头是道，人们听他谈论，都觉得津津有味。

太尉王衍十分欣赏郭象的口才，这么形容道："郭子玄语议如悬河泻水，注而不竭。"

【释义】

口若悬河：形容能言善辩，滔滔不绝。若：好像。悬河：激流倾泻。

脍炙人口

春秋时，孔子有个得意的弟子，名叫曾参，又称曾子。曾参家境贫困，常常衣不蔽体，食不果腹。但他安贫乐道，专心读书治学、修身养性，品行高尚。国君召他做官他都拒绝了，诸侯想与他结交他也不予理睬。

曾参对他的父亲曾晳非常孝顺。关于他的孝顺，有一个流传很广的故事：

曾参的父亲曾晳特别喜欢吃一种叫羊枣的果子，父亲死后，曾参就再也不吃羊枣了。别人问他缘故，他回答说："父亲心爱的东西，我不忍心吃。"

后来，孟子的学生公孙丑，对这件事情向孟子提出了疑问："脍炙（精美的肉食）和羊枣这两种东西，哪种更好吃？"

孟子说："当然是脍炙的味道好。"

公孙丑就问："那曾参的父亲肯定也爱吃脍炙。为什么父亲死后，曾参吃脍炙而不吃羊枣了呢？"

孟子回答说："脍炙是大家都爱吃的东西。吃羊枣则是曾晳的特殊嗜好。所以曾参不再吃羊枣，而继续吃脍炙。"

【释义】

脍炙人口：美味的食品人人爱吃。比喻好的诗文或事物，人人赞美和传诵。脍：切成细块的肉。炙：烤熟的肉。

旷日持久

战国时，燕国派荣蚠率军攻打赵国。因为荣蚠善战，赵王听说后很害怕，就和平原君赵胜商议，准备割让三座城池给齐国，以此为代价，聘请齐国名将田单统率赵军，来抵抗燕军的进攻。

赵国大将赵奢不同意这么做。他对赵胜说："难道赵国就没有能领兵打仗的将领了吗？仗还没打，就先割让城池，这怎么能行！大王何不任命我为统帅？我熟悉燕军的情况，一定能够取胜。为什么非得求助于田单呢？"

接着，赵奢仔细分析了请田单做统帅的弊端："如果田单没本事，打不过荣蚠，那我们就白请他来了。如果他足智多谋，能对付得了荣蚠，他也未必会为赵国尽力。因为赵国取胜，对齐国的称霸是不利的。所以，据我判断，田单一定会把赵军拖在战场上，荒废很多时间。这样拖延下去，我们的人力物力就会消耗光，后果不堪设想。"

但是赵王没有采纳赵奢的意见，还是割让了三座城池送给齐国,请来田单。果然,田单率领赵军打了一场持续很久的消耗战。赵国付出了很大的代价,也只夺到了燕国三座小城。

【释义】

旷日持久:指相持过久,空废时日。旷:荒废、耽搁。

困兽犹斗

春秋时,晋国和楚国发生了城濮之战,晋军大胜。在举国欢腾之际,晋文公却面无喜色,忧心忡忡。大臣们见状,感到很奇怪,对晋文公说:"我们击败了强敌,理应高兴,您怎么反而忧愁呢?"

晋文公回答说:"这次战斗,我们战略正确,击破了楚军的左、右翼,使得中军主帅子玉陷入被动,楚军才被迫撤兵。楚军虽然战败了,但主帅子玉还在,决不能掉以轻心。困兽犹斗,何况他是一国的重臣呢?"

直到后来,楚王杀了子玉,晋文公才露出笑容说:"现在楚国又败了一次,晋国又胜了一次。楚从此会一蹶不振的。"

【释义】

困兽犹斗：被围困的野兽还要做最后的搏斗。比喻处在绝境中的人，还要做垂死挣扎。困兽：被困的野兽。犹：还要。

L

滥竽充数

战国时,齐宣王喜欢听人吹竽,特别喜欢听合奏。他组织了一支三百多人的乐队,专门为他吹竽。乐队的人都享受到很高的待遇。

有一位南郭先生,听说这件事后,便跑到齐宣王那里,吹嘘自己吹竽的水平高超。事实上他一点儿都不会吹竽。可是齐宣王轻信了他的话,接纳了他。

自此,南郭先生就混进了乐队,拿到了丰厚的俸禄。每次齐宣王要求乐队吹奏的时候,南郭先生就摆出吹竽的姿势,摇头晃脑,装模作样。因为乐队人很多,齐宣王根本就听不出来谁没吹,所以南郭先生十分得意。

几年后,齐宣王死了,他的儿子齐湣王继位。齐湣王也喜欢听吹竽,可不同的是,他喜欢听的是独奏。他让乐队的人挨个儿吹竽给他听。

南郭先生知道自己再也混不下去了,只好悄悄地溜

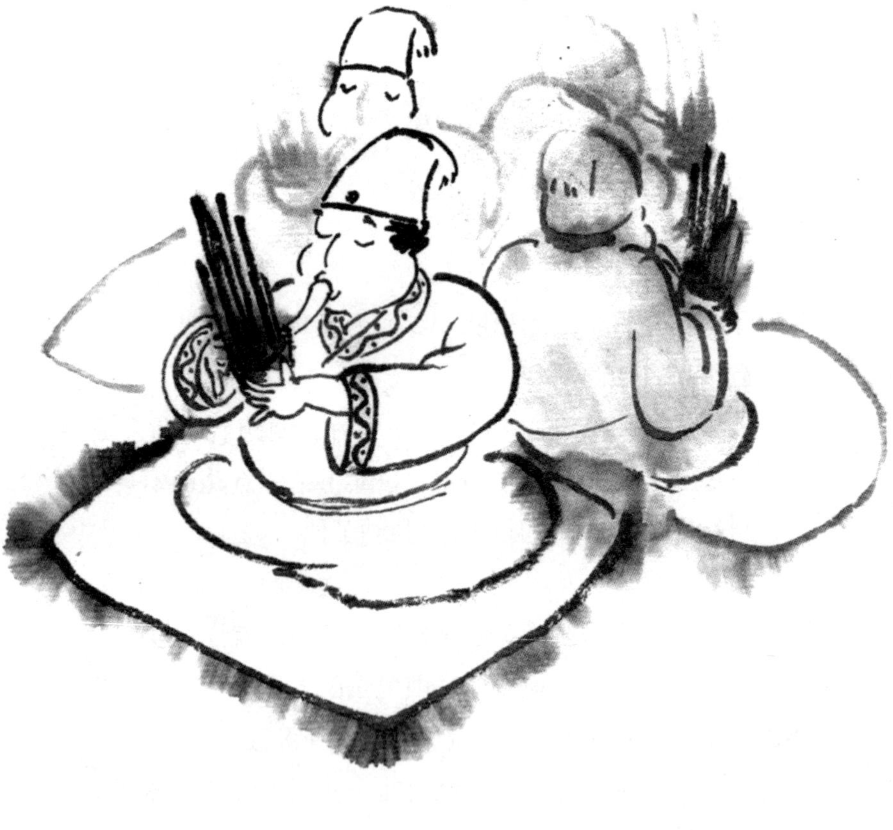

走了。

【释义】

滥竽充数：比喻没有真实本领的人，混在行家里面充数。也比喻拿不好的东西混在好的里面充数。有时也用于表示自谦。滥竽：冒充会吹竽的人。

老当益壮

东汉有一个叫马援的人，他在扶风郡任职时，有一次，郡太守派他押解犯人去长安。走到半路，马援见犯人十分可怜，不忍心送他去受刑，于是就放走了犯人。马援知道自己罪责难免，便弃官逃到北朝郡躲了起来。

此时正好赶上皇帝大赦天下，马援的过错也就不予追究了。自此，马援开始安心地从事畜牧业和农业生产。没几年工夫，他便凭借聪明才智，成为一个大畜牧主和大地主，拥有牛羊成群，土地无数。

但是，马援自己对这种富有的生活并不满足。他常对朋友说："做个守财奴太没意思了。大丈夫，要'穷当益坚，老当益壮'才对。"

后来，马援将自己的财产都分给了兄弟和朋友。他自己最终成了东汉著名的将领，立下了赫赫战功。

【释义】

老当益壮：年纪虽老，志向更加豪壮。当：应该。益：更加。壮：豪壮。

老马识途

春秋时，山戎国进攻燕国。燕国向齐国求助。齐桓公亲自率军前去救援。

等齐军赶到燕国时，山戎的军队已经抢掠了财物，逃往孤竹国去了。军师管仲建议趁势追击，一举消灭山戎军队，以免除后患。齐桓公采纳了他的意见，率军一追到底，取得了彻底的胜利，平定了北方边境。

没想到，齐军班师回国的途中，忽然迷了路。大军在崇山峻岭间一连转了好几天，也没找到出路。军队的粮草供应发生了困难，军心也开始不稳。再找不到出路，后果将不堪设想。

紧要关头，管仲想出了主意。他对齐桓公说："老马有认路的本领，我们可以让老马带路，带领大军走出去。"

齐桓公同意试试看。管仲挑选了几匹老马，解开缰绳，让它们不受驱赶，自由地走在队伍的最前面。没用多长时间，老马果然将军队带出了山谷。

【释义】

老马识途：原意指老马认识走过的路。后来比喻阅历多的人富有经验，熟悉情况，能起引导作用。

老生常谈

三国时，魏国有个叫管辂的人，他从小就对天文学感兴趣，并表现出非凡的才能。长大后，他潜心钻研《周易》，通晓卜卦之术，为人占卜极为灵验。

一次，吏部尚书何晏将管辂请去为他占卜。侍中尚书邓飏也在场。何晏对管辂说："听说你占卜很灵，那就请你快为我算一卦，看我能否升官，晋升三公之列。另外，我这两天总是梦见苍蝇叮在鼻子上，这是什么兆头？"

管辂早就听说何晏与邓飏是曹操侄孙曹爽的心腹，他二人一贯依仗权势，胡作非为。因此，他便想借此机会教训他们一下。于是管辂说："古时候周公忠心耿耿，辅佐周成王兴国安邦，得到各国诸侯的拥护。而今，你位高权重，惧怕你的人很多，感怀你恩德的人却很少，这不是好兆头。你梦见苍蝇叮鼻便是凶相,千万不可忽视啊。要想逢凶化吉,消灾避难,你只有效仿周公等圣贤的行为才行啊!"

邓飏在一旁不以为然地说:"你这些话都是老生常谈,没什么意思。"

管辂笑道:"虽是老生常谈,但也不能掉以轻心呀。"

不久,何晏、邓飏就因与曹爽共同谋反而遭诛杀。管辂听说后,连声说:"老生常谈的话,他们置之不理,所以才会有这样的下场呀。"

【释义】

老生常谈:老书生常说的话。比喻人所共知、早就听惯了、没有什么新意的老话。老生:老书生。

乐不可支

东汉的张堪文武双全,深受汉光武帝刘秀赏识。

张堪跟随大司马吴汉率军征讨公孙述。汉军虽在成都将公孙述的队伍包围,但时间一久,粮草供应发生了困难。吴汉有意退兵,张堪反对说:"虽然我们军粮将尽,形势危急,但公孙述的情况更为糟糕,他坚持不了多久的。我们不能草率撤兵。"

张堪还献计,让汉军装成饿汉的样子,麻痹敌军。公孙述果然上当,以为汉军已经不堪一击,就亲自出城迎战。结果被勇猛的汉军将士杀死。城内守将见主帅身亡,便开城投降了。

张堪进城后,面对金银财宝秋毫无犯,还积极采取措施安抚百姓,很快就安定了蜀郡。等他离开成都时,只乘一辆破车,带一些自己简单的行囊。

后来,张堪被任命为渔阳太守。他惩凶治恶、赏罚分明。他还带领军民开垦粮田,鼓励耕种,使当地很快富足起来。

张堪深受百姓的爱戴,人们编了首歌谣来赞颂他。歌谣这样唱道:"桑无附枝,麦穗两岐;张君为政,乐不可支。"

【释义】

乐不可支:快乐到了不可支撑的地步。形容快乐到了极点。支:撑持。

乐不思蜀

三国时,刘备死后,他的儿子刘禅继位,即历史上的

"蜀后主"。刘禅小名叫刘阿斗,他胸无大志,才学浅薄,是个庸碌无能之辈。继位之初,他把一切军政事物都交由丞相诸葛亮操持,自己则贪图快乐逍遥。诸葛亮鞠躬尽瘁,尽心辅佐刘禅,使蜀国势力得以维持。

诸葛亮死后,蜀国政事由姜维掌管。蜀国国力逐渐衰微。此时,魏国大权由司马昭控制。他趁姜维率兵在外作战、蜀都空虚之际,大举发兵讨伐蜀国。懦弱的刘禅无心抵抗,投降了魏国,一家老小都被带往魏都洛阳。

起初,刘禅担心自己会被杀,谁知魏主曹奂不仅没杀他,还封他为"安乐公",并赐了住宅、土地和奴婢,把他供养起来。刘禅喜出望外,从此放下心来,每日沉湎于安逸的生活,丝毫不念亡国之耻。

司马昭想试探一下刘禅的心志,便设宴款待刘禅及其旧部。宴会上,司马昭安排人表演了蜀国歌舞。原蜀国的那些官员听到乡音乡曲,个个悲从心来,纷纷落泪。只有刘禅欣然自若,把酒言欢。司马昭看到刘禅的表现,对身边的贾充说:"一个人竟然能没有感情到这种地步。像他这样的人,即使诸葛亮在世,也无法辅佐他长久,更何况是姜维呢。"

后来,司马昭问刘禅:"你很思念蜀国吧?"刘禅乐呵呵地回答:"在这儿快活得很,我不想念蜀国。"

【释义】

乐不思蜀：快乐得不再思念蜀国。比喻乐而忘本或乐而忘返。乐：快活。思：思念。

乐极生悲

战国时，楚国出兵进犯齐国，齐威王派淳于髡去赵国求援兵。淳于髡虽然其貌不扬，但能言善辩，尤其擅长用隐语劝谏齐威王。他看到齐威王准备送给赵王的礼物——黄金百斤、马车十辆时，竟然仰天大笑，笑得连系帽子的带子都挣断了。齐威王问他何故大笑。淳于髡回答："今天我从东边来时，见路边有个人，手里拿着猪蹄，端着一杯酒，向田神祈祷说：'请让高地上收获的谷物堆满我的粮仓，低田里收获的庄稼装满我的车辆。'我想到他拿的祭品那么少，却去祈求那么多的东西，所以大笑。"齐威王明白了淳于髡的意思，就把礼物增加到黄金一千斤，白璧十对，马车一百辆。淳于髡这才出使赵国，并顺利请来了援兵。楚军被迫退兵。

在庆功宴上，齐威王问淳于髡喝多少酒会醉。淳于髡回答："喝一斗会醉，喝一石也会醉。"齐威王觉得奇怪，便问是何道理。淳于髡答道："像今天这样，喝大王赏赐的酒,旁边有执法大臣,后面有御史,喝酒的时候,我心怀恐惧,所以喝一斗就醉了。如果是朋友久别重逢,边喝酒边叙旧,喝到五六斗就醉了。假如是乡里聚会,男女同席,边饮酒边游戏,我就能喝下一石酒。所以说,饮酒不可以过度,否则就会失礼;行乐不能过分地放纵,必须看准了场合和时机,否则反而带来悲哀;天下的事物都应有分寸,否则就会走向衰败。"

齐威王认真地听着,意识到淳于髡又在用隐语劝谏自己。于是他马上停止了原本准备彻夜进行的宴饮,同时任命淳于髡为接待各国宾客的官员。每当王宫举行酒宴活动时,齐威王都让淳于髡在一旁陪伴,掌握分寸。

【释义】

乐极生悲:形容快乐到了极点,转而发生悲伤的事情。

M

买椟还珠

春秋时代,楚国有一个专门卖珠宝的商人,常常来往于楚国和郑国之间做生意。

有一次,他准备带一批珠宝到郑国去卖。为了招揽顾客,他特地选用了名贵的木料,制作了许多新颖别致的小盒子。这些盒子不仅雕刻精美,而且还有漂亮的装饰,还能散发出香气。商人把珠宝装在了盒子里,然后满怀希望地前往郑国。

来到郑国后,商人在热闹的街市上将珠宝展示出来,果然吸引了很多人近前仔细欣赏。商人不由得暗暗高兴。有一个郑国人,看见装珠宝的盒子既精致又美观,十分喜爱。问明了珠宝的价钱后,他就买了一个。没想到他付完钱后,打开盒子,把里面的珠宝拿出来,退还给珠宝商,只拿走了盒子。

【释义】

买椟还珠：买下木匣，退还了珍珠。比喻舍本逐末、取舍失当。椟：木匣。珠：珍珠。

毛遂自荐

公元前251年，秦军包围了赵国都城邯郸。赵王派平原君赵胜出使楚国，去游说楚王，使之与赵国联合抗秦。

平原君准备从众多的门客中物色二十个智勇双全的人，随他一同去楚国。但是挑来挑去，只挑出了十九个合适的人选，最后一个，很难取舍。

这时，有一个叫毛遂的门客主动走出来，自我推荐道："就让我来凑个数吧。"

平原君见这人相貌有些生疏，便问："先生来我门下几年了？"

毛遂答道："已经三年了。"

平原君说："我听说有本事的人在世上，就如同锥子放在布袋里，它的锥尖很快会戳破袋子露出来。先生在我门下已经三年，却从没听说有人称赞你。可见先生没有什么才能。"

毛遂上前一步，坚定地说："今天就请您把我放进布袋里吧。假如我毛遂早就在布袋里的话，恐怕整把锥子都会露出布袋，而不仅仅显露出锥尖而已。"

平原君想了想，同意带他一起去楚国。其他门客都暗暗讥笑毛遂。到了楚国，毛遂跟那十九个门客谈论时政，大家才逐渐开始佩服他见解不凡。

平原君与楚王商定联合抗秦的事情进展得很不顺利。从太阳出来商议到日当正午，楚王依然不同意联合抗秦。毛遂就走上前，代表大家劝说楚王。楚王问："你是干什么的？"平原君回答："他是我的门客。"楚王就呵斥毛遂："还不退下去？我在和你的主人说话，哪有你说话的份？"

毛遂握着剑柄，再上前一步，对着楚王说："大王之所以能呵斥我，是因为楚国人多势众。但现在我与大王您相距不过十步，楚国再强大，大王也无法倚仗了。您的性命就掌握在我的手中！"

楚王被毛遂的气势震慑住了。随后，毛遂又清楚、透彻地分析了联合抗秦的好处。楚王听他说得句句在理，就同意赵、楚两国歃血为盟。毛遂捧起盛有动物血的铜盘，献给楚王，说："按照规矩，大王应该先歃血，其次是我的主人，再次是我毛遂。"就这样，楚、赵两国订立了合纵抗秦的盟约。

事后，平原君感慨道："我原先以为凭自己的眼力，不会错漏天下的贤士。这回我才知道自己确实错漏了毛先生。以后，我再也不敢随便对人下结论了。"

【释义】

毛遂自荐：毛遂自我推荐。比喻自告奋勇，自我推荐。荐：推荐。

门可罗雀

汉代，任廷尉的翟公因为掌管着生杀大权，所以人们都争先恐后地奉承巴结他。翟公家中访客络绎不绝，整天宾客盈门。

后来，翟公因故被罢免了官职。登门拜访的人很快就少下去了。翟公家里冷冷清清的，很少有人来。门口的鸟雀成群，几乎都可以张网捕捉了。

可是，谁也没有料到，翟公后来竟然官复原职。大家得知消息后，又都赶上门来拜见结交。

这种世态炎凉让翟公感慨万分，他写下了这样几句话来讥讽那些趋炎附势的人：

一死一生，乃知交情。

一贫一富，乃知交态。

一贵一贱，交情乃见。

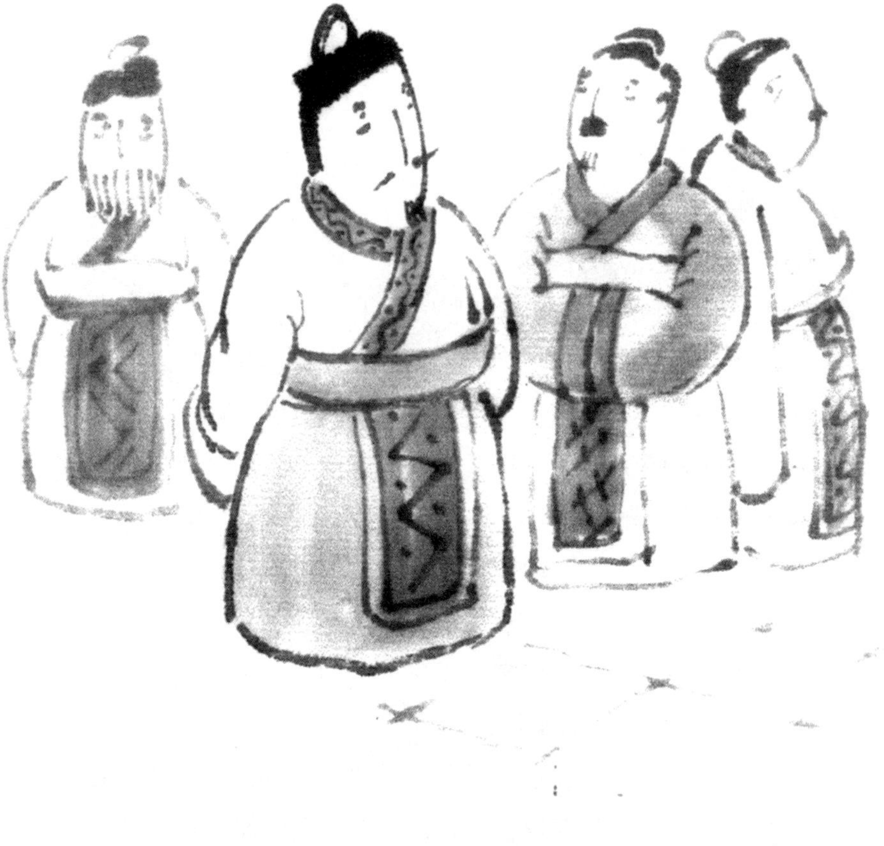

【释义】

门可罗雀：门前可以张网捕雀。形容门庭冷落，宾客稀少。罗：张网捕捉。

门庭若市

战国时，齐国的相国邹忌为了劝谏齐威王广开言路，讲了关于自己的一件事情：

一天早上，邹忌穿好朝服，戴上帽子后，站在镜子前端详了一番，问妻子道："我和城北的徐公相比，谁更漂亮？"妻子回答："当然是您漂亮，徐公怎么比得上您呢？"徐公是有名的美男子，邹忌不敢相信自己会比他漂亮，就又去问爱妾，爱妾也回答说："徐公怎么比得上您呢？"

第二天，家中有客人来访。邹忌问客人："我和徐公相比，谁更漂亮？"客人答道："徐公哪有您这么英俊。"

几天后，徐公刚好来拜访邹忌。邹忌仔细打量徐公，发现自己根本就不如徐公漂亮。

讲到这里，邹忌对威王说："我确实不如徐公漂亮，但妻妾和客人却都夸赞我更美，这是因为妻子偏护我，爱妾畏惧我，客人有求于我，所以他们才没说真话。现在齐国土地有千里之广，城池一百多个。宫中上下，谁不偏护大王？满朝文武哪个不畏惧大王？全国百姓人人都有求于大王。因此，大王所受的蒙蔽是多么深呀！"

齐威王听了邹忌的话，觉得很有道理。就立即下令："无论官吏百姓，凡能当面提出本王过失的，受上等赏赐；能上书批评本王过失的，受中等赏赐；私下议论本王过错而让本王闻知的，受下等赏赐。"

此令一出，群臣争相进谏，殿堂前热闹得像集市一样。

【释义】

门庭若市：门前和庭院里如同集市。原形容进谏的人很多。现在形容来客众多，非常热闹。庭：院子。若：像。市：集市。

名落孙山

宋朝时，有一个名叫孙山的才子，为人幽默风趣，爱讲笑话。

有一次，他和一位同乡的儿子同去京城赶考。放榜的时候，孙山名列榜文的最末尾，是中榜考生中的最后一名，而那位同乡的儿子却没有考中。

孙山先行一步，回到家里，同乡便来问他，儿子有没有考取。孙山既不好意思直说，又无法隐瞒，于是，就随口吟了两句："解名尽处是孙山，贤郎更在孙山外。"

他这两句诗的意思就是说："举人榜上的最后一名是我孙山，而你儿子的名字却还在我孙山的后面。"言下之意，同乡的儿子榜上无名。

从此，根据这个故事，人们把参加各类考试，没有被录取的情况叫作"名落孙山"。

【释义】

名落孙山：名字落在榜末的孙山后面。比喻考试落第或选拔未被录取。

N

南柯一梦

相传唐代广陵郡，有个叫淳于棼的人，生性喜好饮酒，不拘小节。在他家院子的南边，有株古槐树，树大根深，枝繁叶茂。

淳于棼经常与朋友在树下饮酒作乐，喝得酣醉。一次，淳于棼因醉酒而身体不适，两位朋友将他扶回家，送至东廊下休息，对他说："你睡一会儿吧。我们在这儿喂喂马、洗洗脚，等你好了再走。"

淳于棼躺下后，醉眼蒙眬中，恍恍惚惚看到有两个紫衣使臣走到他跟前，对他行礼道："槐安国国王派我们来请先生。"

淳于棼迷迷糊糊地起身下床，整理衣服，随着这二人走出门去。门外有一辆马车，随从在一边等候。

众人扶淳于棼登车前行，来到大槐树下，径直进了槐树下的一个洞穴。

进洞之后，顿时晴天丽日。山川旷野、城郭村庄，历历在目，仿佛来到另一个世界。须臾之后，他们来到一座城池前，朱门重楼，楼上的匾额上写着：大槐安国。

淳于棼进了王宫，槐安国国王与他亲切交谈，并招他为驸马，将瑶芳公主嫁给他，后又任命他为南柯郡太守。于是，淳于棼携妻上任，尽享荣华富贵。

在任职的二十年间，淳于棼恪尽职守，将南柯郡治理得井井有条，深受百姓爱戴。国王愈发器重他，赐他封地爵位。他也有了五男二女，家族兴旺，生活美满。

不料，妻子突然得了急症，不治身亡。此时檀萝国又突然入侵，国王命淳于棼率兵御敌。因为不懂军事，淳于棼大败而回，从此他失去了国王的信任，还被罢免了官职。

后来，国王派紫衣使臣送淳于棼回家探亲。车出洞穴，眼前家乡的景物不改往日，淳于棼暗自伤心落泪。两位使臣送他回到家中，淳于棼见自己正睡在廊下，惊惧不敢近前。

紫衣使臣连声大呼淳于棼的姓名，淳于棼才猛地惊醒过来。只见家仆正在打扫庭院，两位客人还坐在床榻上洗脚，夕阳照在西墙上，东窗下还放着喝剩的酒。他只做了倏忽一会儿的梦，却好像恍然度过了一生。

淳于棼十分感慨，把方才的梦告诉两位朋友。大家都很惊讶，一起出门，好奇地来到大槐树前。只见槐树下有一个蚁穴，掘开一看，里面大得可以放下一张床，内有一个大蚂蚁王,想必这就是"槐安国"。旁边还有一个小洞,一直通向树南边的树枝,大概就是"南柯郡"了。

【释义】

南柯一梦:指做梦。比喻得失无常,人生如梦。柯:树枝。

南辕北辙

战国末期,魏国国君安厘王想进攻赵国。正在奉命出使邻国的魏国谋臣季梁知道国君的想法后,急忙赶回来劝阻。

他对安厘王说:"臣今天在大路上碰见一个人,他说要去楚国。楚国在南方,他却驾车往北走。我问他为什么朝北走,他回答说:'不要紧,我的马好,跑得快。'我提醒他,马再好也没用,朝北走到不了楚国。他却说:'没关系,我的路费多着呢。'我告诉他路费多也不顶用。他又说:'没事儿,我的马夫最会赶车了。'这人多么糊涂啊,他不明白,如果方向错了,马跑得越快,路费越多,车夫越会赶车,离他的目的地就会越远啊。"

说到这里,季梁言归正传道:"如今,大王想成就霸业，就应设法取信于天下，这样才能树立权威，收服民心。如果仅仅依仗国大兵强，动辄进攻别国，就无法建立威信。您也会像那个去南方却往北走的人一样，离成就霸业的目标越来越远。"

魏王听了季梁的话，打消了伐赵的念头。

【释义】

南辕北辙：原意是要往南边去却驾车向北。比喻行动与目的相反。辕：车辕，车前驾牲口的直木。辙：车轮经过留下的痕迹。

鸟尽弓藏

楚汉相争时，韩信先是在楚军中做郎中，他屡次献策给项羽，都不被采纳。他见项羽有勇无谋，便离楚归汉。刘邦任他为都尉，掌管粮草供应，并未重用他。

丞相萧何与韩信交谈了几次，觉得他智谋不凡。后来，韩信逃离汉军军营，萧何亲自将他追回，并向刘邦大力推荐道："大王若想征服天下，非重用韩信不可。"刘邦看在萧何的情面上，任命韩信为大将。

韩信果然不负众望，屡建奇功。他为刘邦分析了楚汉两军的形势，制订了用兵策略。在他的建议下，刘邦起兵东进，很快平定了关中之地。接着，刘邦的军队经过函谷关，收复了魏地及河南一带；随后，汉军又联合齐、赵等地的军队，共同对付楚地的军队，取得了胜利。在与楚军的战斗中，刘邦的军队一度失利，韩信以最快速度收编了溃散的士卒，与刘邦在荥阳会合后，集中兵力再战楚军，终于击败了楚军……这其中有很多战役都是韩信亲自率军打胜的。特别是垓下之战，韩信协助刘邦彻底击败了项羽的军队，从而完成了统一天下的伟业。

在韩信率兵破赵取齐，占据了黄河下游时，刘邦便封韩信为齐王。当时有一个叫蒯通的人对韩信说："如今楚、汉两军势力相当，究竟谁胜谁败，大王您有着举足轻重的作用。您不如谁也不帮，以齐地为根据地，和他们三分天下，然后再图谋统一全国。"

韩信不肯这么做，他说："汉王待我这么好，我怎么能背叛他呢？"

蒯通说："古人云：'飞鸟尽，良弓藏；狡兔死，走狗烹。'大王您功高盖主，威名让汉王心存畏惧。我真替大王您担心啊。"他反复劝说，韩信都执意不肯背叛汉王。

刘邦平定天下后，吕后疑心韩信谋反，将其诛杀。临死前，韩信后悔地说："当初不听蒯通的话，以致死于妇人之手。"

【释义】

鸟尽弓藏：飞鸟没有了，弹弓也就藏起来不用了。比喻事情成功后，把曾经出过力的人抛弃或杀掉。

宁为玉碎，不为瓦全

公元550年，北朝东魏的丞相高洋逼孝静帝退位，自己当了皇帝，建立了北齐。他当皇帝的第十年，六月的一天，出现了日食现象。

高洋认为这是个不祥之兆。他招来一个亲信，问道："西汉的王莽夺取了刘氏的天下，可为什么后来光武帝刘秀又夺回了江山？"

这名亲信便说："这都怪王莽没有把刘氏宗室的人斩尽杀绝。"

高洋听了他的话，大动杀机，马上把东魏宗室近亲七百多人全部处死。

消息一经传开，引起了东魏宗室远方宗族的恐慌。大家聚集在一起，商量如何应对这种局势。一个叫元景安的提议说："如今之计，想保命的话，只有请求皇上允许我们改姓高氏。"

元景安的堂兄元景皓反驳说："我们怎么能抛弃本宗姓

氏，随别人的姓呢？大丈夫宁可像玉一样被打碎，保持名节；也不能做陶器，苟且偷生。"

元景安把元景皓的话汇报给高洋，高洋就下令逮捕了元景皓，并杀了他。元景皓的家属也被迁徙到彭城。高洋只赐准元景安改姓高氏，其他人仍保留原姓。

【释义】

宁为玉碎，不为瓦全：宁做玉器被打碎，也不做陶器而保全。比喻宁可为正义事业牺牲，也决不苟且偷生。瓦：陶器。

弄巧成拙

北宋画家孙知微，以擅长画人物而闻名。有一次，成都寿宁寺请他画一幅《九曜星君图》。孙知微精心地用笔将人物一一勾勒出来。但见画中人物容貌生动，衣袂飘飘，栩栩如生。

当只剩下最后一道上色的工序时，有位朋友来邀请孙知微去饮酒。孙知微停笔端详了一下，感觉画得比较满意，就吩咐弟子们说："线条我都已经勾勒好了，只需要上色即可完成。剩下的工作你们来做吧。要注意看准颜色，小心点。"

孙知微走后,弟子们簇拥在画前,一边欣赏揣摩,一边交流体会。大家七嘴八舌,都赞叹师父的画技神妙。一个叫童仁益的弟子,一向喜欢哗众取宠,此刻故意一言不发。大家好奇地问他:"你怎么不吭声?难道这画有什么不足之处吗?"

童仁益做出一副高深莫测的样子说:"水暖星君身边的童子,神态虽然十分传神,但他手中的瓶子那里好像缺了点什么。"

大家仔细看了看画,不解地说:"没缺什么呀!"

童仁益得意扬扬地说:"难道你们没发现吗?以前师父每次画瓶子时,总会在瓶内画一枝鲜花。唯独这次没有。这必定是他急着出门,没来得及画。我们还是先帮师父把花补画上,然后再着色吧。"

大家都被他说得愣住了。童仁益不由分说,动手在瓶口上画了枝莲花。

孙知微回来后,一眼就看见画上多了一枝莲花。他啼笑皆非地问道:"这是谁干的?这岂止是画蛇添足,简直是弄巧成拙嘛。这童子手中的瓶子,是降服水怪的镇妖宝瓶,你们给添上莲花,岂不是把它变成了花瓶?真是可笑至极!"说着,他把画撕得粉碎。

【释义】

弄巧成拙：本想卖弄聪明，结果却做了蠢事。巧：聪明。拙：愚笨。

O

呕心沥血

唐朝著名诗人李贺的诗作想象奇特，意境瑰丽，为世人所称道。

李贺作诗，注重长期积累，精雕细琢。他几乎每创作一首诗，都要苦思冥想，仔细推敲。他常常骑着毛驴，边走边琢磨诗句。一旦想到好的诗句，就立刻写下来，放进随身的书囊。等回家后，再把它们取出来，悉心整理。李贺每日刻苦读书作诗，常常到深夜还在伏案忙碌。

李贺的母亲不忍心见儿子如此辛苦，总是劝他不要过于劳累。每次看到他外出归来，书囊里装满了诗稿，母亲就会心疼地责怪他说："难道你要把心呕出来才罢休吗？"

韩愈也曾写过这样的诗句："刳肝以为纸，沥血以书辞。"意思是说，把心肝剖出来当作纸，把血滴出来作为墨，用来书写文章。

【释义】

呕心沥血:比喻冥思苦想,费尽心思。呕:吐。沥:滴。

P

旁若无人

战国时,卫国的荆轲练剑习武,饱读诗书,为人处事特立独行,不与俗同,是远近闻名的侠士。他曾经想以剑术说服卫元君,希望能得到重用,但卫元君没有答应,荆轲便去了燕国。

来到燕国后,荆轲结识了擅长演奏古乐器"筑"的高渐离——一位在市井以卖狗肉为生的勇士。荆轲和他一见如故,交谈投机,由此成为好朋友。他们经常聚在一起畅饮。喝醉了酒,高渐离击筑,两人齐声高唱,引来众多围观者。唱到慷慨激昂之处,他们就放声大哭。对众人的议论指点他们毫不在意,一副旁若无人的样子。

后来,荆轲为燕国太子丹所赏识,被委以重任,去刺杀秦王嬴政。临行前,在易水边,来送行的高渐离击着筑,荆轲唱着"风萧萧兮易水寒,壮士一去兮不复还",与朋友悲壮离别。

荆轲刺杀秦王失败被杀，秦王一怒之下讨伐燕国。高渐离也隐姓埋名避祸他乡。嬴政统一天下成为秦始皇后，听说高渐离善击筑，就派人请他来，弄瞎他的眼睛，让他上前为自己击筑。

高渐离在筑里灌了铅，趁秦王陶醉于筑声之时，猛地向秦王挥筑，但没有击中。秦始皇杀了高渐离，从此再也不让诸侯靠近自己身边了。

【释义】

旁若无人：好像身旁没有其他人一样。形容自行其是，不为他人左右。也形容态度傲慢，目中无人。若：好像。

抛砖引玉

晚唐诗人赵嘏，写诗出手不凡。他曾写过一首七言律诗《长安秋望》，其中有两句最为人称道："残星几点雁横塞，长笛一声人倚楼。"人们为此称他为"赵倚楼"。

很多人喜欢赵嘏的诗，但是赵嘏平时不轻易动笔，因此让大家觉得有些遗憾。有一次，众人聚在一起，商议着怎样让赵嘏主动写首诗。有人提议请他为扇面题诗，也有人提议大家以诗来行酒令,但分析之后都觉得不太可行。

最后他们想出了一个主意。听说赵嘏准备到灵岩寺游玩,依照他的性格,他必定会去寻访前人留下的墨迹。于是他们就推选了一个诗才不错的人,先去灵岩寺,找个风景雅致的地方题下两句诗。赵嘏若见诗句不全,肯定会将诗句续上。

赵嘏来此游玩时,看到这两句诗,果然诗兴大发,提笔续齐了诗句。

【释义】

抛砖引玉:抛出不值钱的砖,引来极宝贵的玉。比喻用粗浅的文字、不成熟的意见,引出别人的佳作、高见。

披星戴月

春秋时,孔子的弟子宓不齐曾任鲁国单父县的地方官。他为官办事的方法不同寻常,经常是自己坐在公堂之上,一边弹琴,一边吩咐手下分头去处理各项公务,几乎不用离开衙门,就能把事情处理得有条不紊。

宓不齐离任后,接任县官的人叫巫马期。巫马期忠于职守,兢兢业业。每天天还没亮,星星还挂在天上时,他就出门办公去了。直到夜幕降临,月亮升空他才回来。在他没日没夜的操劳下,单父县被治理得井井有条。

巫马期对自己的业绩比较满意。但他想到前任宓不齐轻轻松松地弹弹琴,就把事情做好了,而自己却花费了这么多的精力,心里不由得有些纳闷。于是他就去向宓不齐请教。宓不齐回答说:"我之所以比较安逸,是因为我选拔了能干的人来替我做事。而你凡事都亲力亲为,所以才那么辛苦。"

巫马期这才恍然大悟。

【释义】

披星戴月:身披星光,头顶月亮。形容早出晚归或彻夜奔波。

皮之不存,毛将焉附

春秋时,晋国公子夷吾因避内乱而逃到秦国。他请求秦国支持自己当晋国的国君,许诺将来事成之后割让五座城池给秦国。可当他在秦国的帮助下登上王位,成为晋惠公后,却没有兑现诺言。

不久,晋国遭受天灾,粮食歉收。晋惠公向秦国提出了采购粮食的要求。秦国没有计较晋惠公失信的行为，答应了他，解了晋国的燃眉之急。

第二年，秦国也不幸发生了饥荒。秦穆公就派人到晋国来求购粮食。晋惠公不仅不帮忙，还有些幸灾乐祸。大夫庆郑劝谏道："我们不顾曾受过的恩惠，对秦国的灾难不予以同情，这样是不道德的。如果现在因为贪恋自己的财物而不去救济别人，那以后我们有难，还有谁来帮助我们呢？"

大夫虢射却说："我们当初没有履行割让五个城池给秦国的诺言，已经失去信义了，这使秦、晋两国的友好关系从根本上已经决裂。不解决这个问题，即使现在答应卖给秦国粮食，也不会减少秦国对我们的不满，反而会增强他们的实力。这就像是皮与毛的关系，皮都不存在了，毛还能依附在什么地方呢？所以不如干脆连卖粮的事情也不答应。"

晋惠公最后听信了虢射的意见。庆郑叹息道："背信弃义，这是连老百姓也不齿的。国君这么做，将来一定会后悔。"

果然，第二年，秦国就出兵讨伐晋国，晋惠公也做了秦国的俘虏。

【释义】

皮之不存，毛将焉附：皮都没有了，毛还依附在哪儿？比喻事物失去基础无法存在。焉：哪儿。附：依附。

匹夫之勇

春秋时，越王勾践被吴王夫差打败后，被囚禁在吴国三年，受尽耻辱。但他心怀报仇雪耻之志，因此忍辱负重，取得了夫差的信任，被放回越国。

回国后，勾践卧薪尝胆，立志强兵富国。经过十年的养精蓄锐，越国国力逐渐强盛。将士们伐吴复仇的决心也越来越大。他们向勾践请战道："越国的百姓敬爱您就像敬爱自己的父母一样。现在，儿子要替父母报仇，臣子要替君主报仇。请您下令，让我们与吴国决一死战吧。"

勾践答应了将士们的请求，并向他们表达了自己的决心："听说古代的贤君不担心缺少士兵，而是担忧士兵们缺乏自强的勇气。我需要的不是你们单个人的力量，而是希望你们能够共同进退，行动一致。前进时，要想到会得到奖赏；后退时，要想到会受到惩罚。这样，就会得到应有的赏赐；进不听令，退不知耻，会受到应有的惩罚。"

士兵们很受鼓舞，士气高涨，终于打败了吴王夫差。

【释义】

匹夫之勇：指不用智谋，单凭个人蛮干的勇气。

平易近人

周公是周武王的弟弟，他帮助周武王灭了商朝，建立了西周。周武王去世后，因继位的成王年幼，周公又摄政处理国事。

周公被封在曲阜为鲁公，他因为自己要留在都城辅佐王室，便派长子伯禽去接受封地，当了鲁公。

伯禽前往鲁地，直到三年之后才向周公汇报在那里施政的情况。周公询问原因，伯禽解释说："改变当地的习俗，革新那里的礼法，需要三年才能看到效果。"

与之相比，另一位辅佐周王室有功而被封在齐地的吕尚，只过了五个月就向周公报告那里的施政情况了。周公觉得诧异，吕尚给的理由是："我简化了君臣间的礼节，一切事务都按当地的习俗来办理，所以才这么快。"

周公不由得叹息道："唉，鲁国的后代将要当齐国的臣子了。政令不简约易行，就难以亲近百姓；政令平和易行，百姓自然会主动归附。"

【释义】

平易近人：形容态度和蔼可亲，使人容易亲近。

破釜沉舟

秦朝末年，秦二世派章邯攻打赵国。赵军在巨鹿被秦军围困，赵王偷偷派出使者向楚怀王求救。楚怀王立即封宋义为上将军，项羽为副将，率军去救援赵国。

部队到达安阳后，宋义见秦军势力强大，心里有些畏惧，就下令驻兵不前，企图等秦、赵两军拼得两败俱伤时再出兵。项羽则建议赶紧渡江北上，与赵军里应外合，一举歼灭秦军。可宋义独断专行，听不进项羽的意见，并且严令军中，谁不听调遣，格杀勿论。

项羽见宋义只顾着饮酒作乐，贻误进攻良机，终于忍无可忍，冲进营帐杀了宋义。为了稳定军心，项羽声称宋义勾结秦军，自己是奉了楚怀王的密令将其斩首的。将士们一致拥护项羽为上将军。

项羽随即率领军队渡河。渡河后，他命令士兵把所有的船只凿沉，把所有做饭用的锅子砸破，并且烧毁营房，每人只准带上三天的干粮，以此表示决一死战、决不后退的决心。

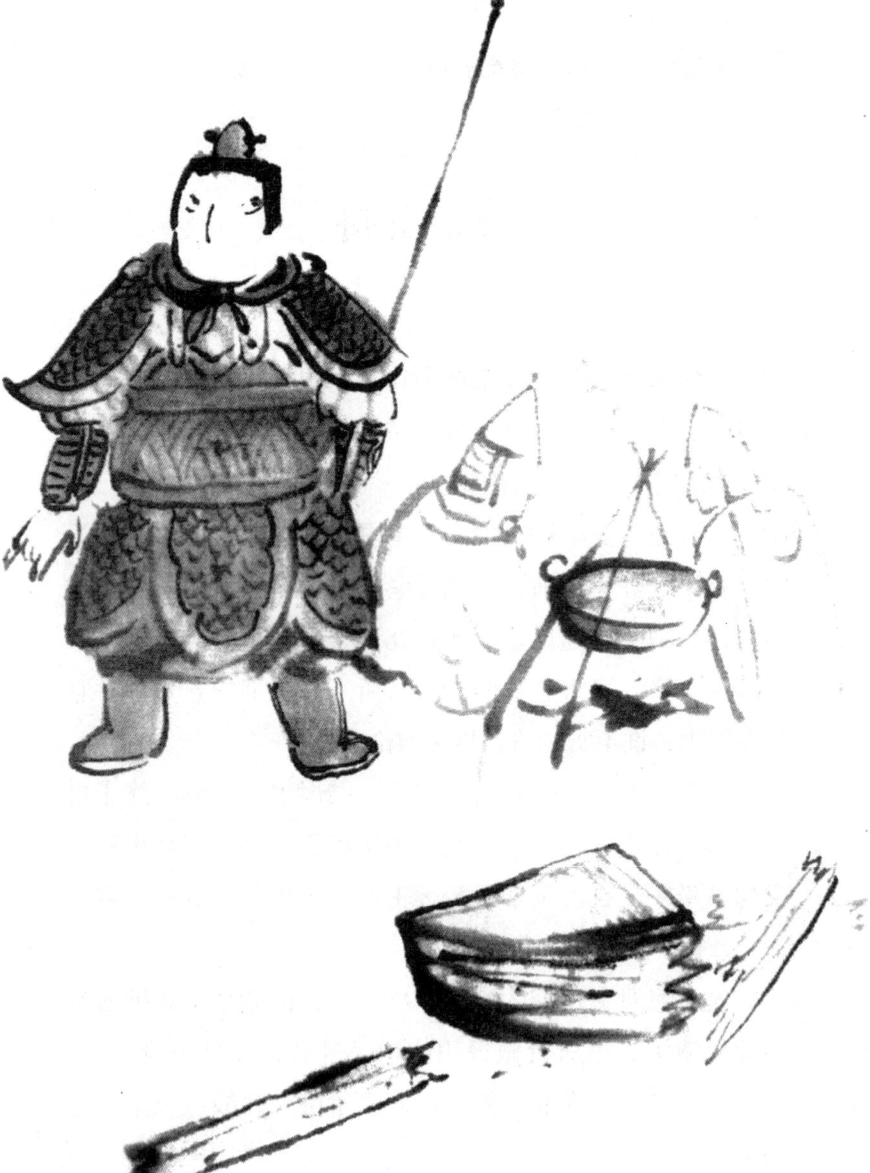

断了后路的士兵们奋勇作战,大败秦军。项羽也声名远播,大大提高了威望。

【释义】

破釜沉舟:砸破烧饭用的锅子,凿沉过河用的船只。比喻不顾一切,下定决心一拼到底。釜:锅。

破镜重圆

南北朝末期,隋文帝杨坚挥师南下,逼近南朝陈的国都建康。陈朝皇帝陈叔宝昏庸无能,贪图享乐,驸马徐德言深知陈朝气数已尽,在劫难逃。

徐德言与妻子乐昌公主感情深厚,大难当前,徐德言流着泪对乐昌公主说:"现在国破家亡,我们自身难保。以你的才貌,必定会进入帝王贵人家。希望我们不要忘了对方。如果还能活着,但愿能再重聚。"说着,他将一面镜子打破为两半,递给妻子一半:"我们就用这半面镜子作为信物吧。你要是进了贵人家,就在正月十五那天把它带到集市上出售,以便我们相认。"

隋军灭了陈后,乐昌公主果然被隋军掳走,并被隋文帝赏赐给大臣杨素。杨素极为宠爱乐昌公主,但乐昌公主心里始终挂念着徐德言。到了正月十五，她命家奴拿着半面镜子到集市上高价出售。正好被赶到此地寻妻的徐德言看到。他将家奴带回住处，流着泪将事情的始末说了一遍。然后，他取出自己保存的那一半镜子，将两半镜子合在一起，并在镜子后面题了首诗："镜与人俱去，镜归人不归。无复姮娥影，空余明月辉。"

家奴将镜子带回去交给乐昌公主。公主得镜见诗，悲怆流泪，茶饭不思。杨素见她形容憔悴，便问缘故。公主据实相告。杨素被他们的真挚爱情感动了，就派人找来徐德言，当场将妻子还给了他，使他们夫妻得以团聚。

【释义】

破镜重圆：比喻夫妻离散后重又团聚。

扑朔迷离

古乐府《木兰诗》讲述了一个木兰替父从军的故事。

北魏时，有个姑娘名叫花木兰。有一年，北方边境发生战事。朝廷紧急征兵，木兰的父亲也在征召之列。木兰不忍让年老体弱的父亲再上前线，想到弟弟又尚年幼，于是她便去集市上买来骏马、鞍鞯，女扮男装，代父从军。

花木兰辞别家人，随大军四处征战。她勇敢机智，奋勇杀敌，功勋卓越。十二年后，花木兰随军队凯旋。皇上要重赏木兰，封她为官，木兰却拒绝封赏，只求皇上赐一匹千里马，送她回乡看望父母。皇上满足了木兰的要求。

木兰回到家里，脱下战袍，对镜梳妆，恢复了女儿身的装扮。当她走出房间时，前来看望她的战友们都惊呆了。他们怎么也没想到，和他们一起行军、打仗，朝夕相处了十二年的木兰竟然是个女子！木兰笑着说："雄兔脚扑朔，雌兔眼迷离，两只兔子一起在地上奔跑跳跃，你们怎么能分辨出哪只是雄兔，哪只是雌兔呢？"

【释义】

扑朔迷离：指难辨兔子的雄雌。比喻事情错综复杂，不易辨清真相。扑朔：提着兔子耳朵悬空，雄兔四脚乱踢。迷离：提着兔子耳朵悬空，雌兔两眼半闭。

Q

齐大非耦

春秋时，郑国太子忽聪慧英武，很有名望，很多国家的国君都想把女儿嫁给他。齐王也有意将女儿文姜许配给他，但遭到了太子忽的拒绝。别人问太子忽为什么这么做，太子忽回答："每个人都有适合自己的配偶。齐国是个大国，对于身在小国的我而言，是不合适的。"

后来，北方山戎人入侵齐国边境。齐国向各国求援。郑国得知消息后，立即派太子忽率兵援救。太子忽英勇善战，大获全胜，将山戎人打得溃不成军。

齐王十分感激太子忽，又提出想将女儿嫁给他。太子忽仍然回绝了。他说："三年前我们两国没有什么关系时，我都不敢娶齐国的公主。如今，我帮你们打败了山戎军队，却将公主娶回去，岂不是让百姓们认为，我带兵援助你们，只是为了娶公主？"

【释义】

齐大非耦：旧时因门户不当而辞婚之辞。表示不敢高攀。耦：通"偶"，配偶。

奇货可居

战国时，大商人吕不韦经商有道，聚敛了大笔财富。一次，他来到赵国都城邯郸，走在街上时，被迎面走来的一个人吸引住了视线。这个人衣着普通，神情黯然，但气度不凡，有贵人之气。

经过打听，吕不韦才知道此人是秦国公子异人。异人是秦国太子安国君的儿子，其母夏姬不得宠，且早死，所以异人也不受重视。秦、赵两国会盟，需要互换人质时，他便被送到赵国来当人质。但异人来到邯郸后，秦国屡屡攻打赵国，赵王迁怒于异人，派人日夜监守，给他很糟糕的待遇。异人为此终日郁郁寡欢。

吕不韦得知这一情况后，哈哈笑着说："这是奇货，可以先囤积起来。"于是他主动接近异人，表示愿意为他出钱出力，帮助他回国继承王位。异人感激不尽地说："如果我能回国即位，一定重重报答你。"

之后，吕不韦动用了大笔财宝，贿赂了秦国安国君的华阳夫人,说服她认异人为儿子。华阳夫人自此经常在安国君面前说异人的好话。后来,安国君便派人接回异人,立他为太子。

几年后,异人如愿以偿地登上了国君之位,成为秦庄襄王。吕不韦也顺利地当上了秦国的丞相。

【释义】

奇货可居:囤积珍奇的物品,等待高价出售。比喻凭借某种独特的技能或事物谋利。奇货:珍奇的东西。居:囤积。

歧路亡羊

杨子是战国时的一位学者。有一次,他的邻居丢了一只羊。邻居不仅派一大帮亲戚家人去追羊,还请杨子派仆人一起去帮忙。杨子诧异地问:"不过是丢了一只羊而已,为什么要兴师动众地让这么多人去追呢?"

邻居解释说:"因为岔路太多了,只好分头去找。"

过了许久,众人陆续回来了。杨子问:"羊找到了吗?"

邻居回答:"没找到,羊逃掉了。"

杨子又问:"这么多人去找,怎么会让它跑了呢?"

邻居无奈地说："岔路实在太多了。每一条岔路又都分出许多岔路，我们弄不清楚它从哪条路跑了，所以没有找到。"

杨子听了，低头不语，沉思良久。他的弟子便问："只不过是邻居丢了一只羊而已，老师为何这么闷闷不乐？"

杨子说："我所想到的，并非只是丢羊这件事。而是由此事联想到了求学的道理。做学问如果没有正确的方向和方法，只是盲目地东寻西找，就会白白地浪费时间和精力，结果就会像在歧路上寻羊一般，一无所获呀。"

【释义】

歧路亡羊：因为岔路太多无法追寻而丢失了羊。比喻情况复杂多变，易迷失方向而误入歧途。歧路：岔路。亡：丢失。

杞人忧天

从前在杞国，有一个胆子很小的人。他疑心很重，常会想到一些让人莫名其妙的问题。

有一天，他在门前乘凉，看着天空，突然想到了一个问题。他自言自语地说："假如有一天，天塌了下来，我们岂不是无路可逃,而要被活活压死?"

他越看天越觉得像是要掉下来,越想就越担心。从此以后,他整天为这个问题发愁,寝食难安,以致精神恍惚,脸色憔悴。

朋友们听说了他的事情,都来劝慰他说:"天是气体聚集而成的,怎么会掉下来呢?你的担心是没有必要的。"

杞人听了朋友的话,这才渐渐放下心来。

【释义】

杞人忧天:杞国有个人担心天塌下来。比喻不必要的忧虑。

气壮山河

赵鼎,原为北宋大臣,公元1125年,金兵发兵侵宋,于第二年秋天攻占了太原。宋钦宗惊慌失措,召集群臣商议对策。一些大臣主张割地求和。赵鼎坚决反对,他说:"祖先留下的国土,怎么可以拱手相让?"

但昏庸懦弱的宋钦宗最终选择了投降,答应把黄河以北的土地全部割让给金国。金兵挥师南下,直抵开封。贪生怕死的宋钦宗竟然亲自到金兵营中乞降,结果被金兵扣留。金兵攻入城内，大肆劫掠，还俘虏了宋钦宗的父亲宋徽宗。北宋就此灭亡。

宋钦宗的弟弟赵构逃到江南，建立了南宋王朝，史称宋高宗。宋高宗即位初期，有心抗金复仇，启用了一批主战的大臣。赵鼎也在其中。但随着金兵不断南侵，宋高宗御敌之心渐弱，而越来越贪图享乐。宰相秦桧趁机唆使宋高宗与金国讲和。赵鼎极力反对，对秦桧的投降言论十分蔑视，秦桧便经常在宋高宗面前诋毁赵鼎。宋高宗听信了谗言，渐渐不信任赵鼎，并将他贬到广东琼山东南的朱崖。

赵鼎在朱崖的生活十分困苦。秦桧心里一直嫉恨赵鼎，盼着他早日不堪窘迫死去，因此叮嘱地方官每月汇报赵鼎的情况。赵鼎六十二岁时，终于患了重病。临终前，他让儿子取来一面铭旌（旧时竖在灵柩前标志死者官衔、姓名的长幡），在上面写了一段文字，大意是：我骑着箕、尾两座星宿回归上天，但我的气概像高山大河般雄壮豪迈地留存于世。

【释义】

气壮山河：形容气概像高山大河那样雄壮豪迈。气：气概。

黔驴技穷

传说古时候，贵州一带没有驴子。有个喜欢多事的人，就从外地用船运来了一头驴子。驴子运来后，那人一时想不出它能派什么用场，就把它放养在山脚下。

山里的老虎下山觅食，发现了这头驴子。老虎从未见过驴子，不知它是什么动物。见驴子体格高大，老虎以为它必有非凡的本领，所以有些畏惧，就偷偷躲在树丛中窥视。

过了一段时间，老虎的胆子稍大了些，就小心翼翼地走出树林，一点点地接近驴子，仔细地观察驴子的反应。

驴子忽然仰天大叫了一声，洪亮的声音吓了老虎一大跳，它以为驴子发怒了，要来吃自己，急忙逃之夭夭。

此后几天，老虎听惯了驴子的嘶叫，不再觉得害怕，同时也发现驴子没有其他本领，就向驴子靠得更近些。老虎在驴子周围转来转去，不断地挑衅、戏弄驴子。驴子被惹恼了，扬起蹄子，猛地踢向老虎。老虎大为高兴，看出驴子的本领不过就这么点而已，没什么可怕的。于是，老虎大吼一声猛扑上去，咬断了驴子的咽喉，美美地饱餐了一顿，才扬长而去。

【释义】

黔驴技穷：比喻有限的一点本领已经用完，再没有别的什么能耐了。黔：今贵州一带。技：技能。穷：尽。

巧夺天工

东汉末年，县令甄逸的小女儿有沉鱼落雁之貌。她凭借美貌与官僚世家袁绍的次子袁熙结为夫妻。

在群雄混战中，袁绍称霸一时，袁家也声名显赫。但好景不长，袁绍被曹操击败，很快就病死了，袁熙也被杀害了。

当时，甄氏和袁绍的夫人刘氏住在邺城。曹操的儿子曹丕攻破邺城后，进入袁府，看到了貌若天仙的甄氏，一下子便被迷住了。他派人将甄氏接走，并与她成了亲。后来，曹丕建立魏国，便立甄氏为皇后。

为了能保持美丽的容貌，得到长久的宠爱，甄皇后每天都花很多时间用来梳妆打扮。据说，她的庭院里，有一条蛇，每当甄皇后梳妆时，它都会盘成各种奇巧的形状。甄皇后就模仿它的形状梳理发型，所梳出的发髻无不精致巧妙，后宫都称之为"灵蛇髻"。

【释义】

巧夺天工：人工的精巧胜过天然。形容技艺精巧绝妙。夺：胜过。

巧取豪夺

米友仁是宋朝大书法家、大画家米芾的儿子。他自小受父亲的影响，书画方面皆很有造诣。米友仁特别喜爱古人的书画作品。他常常设法借来别人收藏的古画，临摹后，却把摹本和真迹一齐送给画主，请画主自己选择。由于他摹仿古画的技艺很精湛，让人难辨真伪，画主往往把摹本当成真迹收回去，米友仁因此获得了许多名贵的古画真迹。

有一次，他向人借了一幅"松牛图"。描摹后，他把真迹私自留下了，而把摹本还给了人家。画主当时没有察觉，拿着摹本就走了。后来过了一段时间，画主上门来讨还真迹。米友仁便问他是怎么看出真伪的。画主回答说："你的摹本画得和真迹一般无二，几乎能以假乱真。唯一的一处破绽，就是我的真迹中的牛眼睛里面，有牧童的影子，而你还我的这一幅却没有。"

米友仁虽然是一个有才能的艺术家，但他用摹本骗取别人真迹的行为,却令人鄙弃。所以有人把他这种骗取别人古画真迹的行为,叫作"巧取豪夺"。

【释义】

巧取豪夺:用欺诈的手段骗取,用暴力强夺。指不择手段地掠夺他人的财物或权力等。巧:伪诈。豪:强横。

请君入瓮

唐朝武则天当女皇时,为了镇压异己,她鼓励告密,任用酷吏。其中最为狠毒、最为她所器重的两个酷吏,一个叫周兴,一个叫来俊臣。他俩审讯犯人、严刑逼供的手段十分残忍。特别是周兴,他还常常向人夸耀自己如何会用各种手段让犯人就范。

没想到,后来有人写了告密信,告发周兴与人密谋造反。武则天看了信后,十分震怒,便责令来俊臣调查此事。

来俊臣接到任务后,心里颇费思量:周兴熟谙刑讯的各种手段,要对付这么一个阴险狡诈的家伙,仅凭一封告密信,恐怕难以让他招供。万一查不出结果,自己将难以交差。思索良久,来俊臣想出了一条计策。

这天,他准备了盛宴,邀请周兴来喝酒。酒过三巡,来俊臣故作忧愁状,叹着气说:"我平日办案,常遇到一些死不认罪的犯人,不知周兄有何高招,能让这种人招供?"

周兴得意地说:"这还不简单!你找一个大瓮,四周架上炭火,把它烤热,然后你让犯人进到瓮里。这样还有谁敢不招供呢?"

来俊臣听了连连点头,随即命人抬上一只大瓮,按照周兴所说的办法,将它烤热。然后他变了脸色,对周兴说:"有人告你谋反,皇上命我严查。现在,就请你自己入瓮吧。"

周兴一听,顿时吓得面如土色,扑通跪倒在地,连连叩头认罪。

【释义】

请君入瓮:比喻用某人整治别人的办法来整治他自己,也借指设计好圈套引人上当。瓮:一种盛东西的陶器。

罄竹难书

汉武帝时,丞相公孙贺因为夫人是皇后的姐姐,而得到皇上的特别宠信。公孙贺的儿子公孙敬声也被汉武帝封为朝中太仆。

公孙敬声仰仗皇后姨娘这座靠山,横行霸道,为非作歹，做了许多违法乱纪的事。最终，他犯下了挪用军款的大罪，被关进监狱，判了死刑。公孙贺向汉武帝求情，希望能赦免儿子的死罪。但因为公孙敬声罪行实在太严重，汉武帝不愿宽恕他，便拒绝了公孙贺的请求。

公孙贺为救儿子，想出了一个办法。他对汉武帝说，如果他能捉到朱世安，就请饶了他儿子的死罪。朱世安是一位行侠仗义的江湖人士。他为民除害申冤，在京城杀了很多贪官污吏，一时间朝野震动。汉武帝正下令缉拿他，但因朱世安武功高强，所以一直没能将他缉捕归案。现在，公孙贺提出了这个条件，汉武帝想了想，就答应了。

公孙贺想尽办法，终于抓到了朱世安，将他关进死牢。朱世安毫无惧色，反而大义凛然地痛斥公孙贺道："你罪恶累累，把钟南山上的竹子砍光做成竹简，也写不完你的罪行！"

公孙贺听了，心里暗暗恐慌，就想杀人灭口。朝中一些忠良大臣听到风声后，偷偷让朱世安将公孙家人的罪行都写下来，上奏给汉武帝。汉武帝看了这些罪状，勃然大怒，下令将公孙贺家满门抄斩！

【释义】

罄竹难书：用尽竹子也难写完。原指罪行多，写不完。后泛指事实多，写不尽。罄：用尽。竹：古代用竹子制成竹简，用以写字。书：写。

趋炎附势

宋真宗时，进士李垂才学出众，为人正直。因为他看不惯官场中阿谀奉承的做派，不肯同流合污，因此仕途不顺。

当时的宰相丁谓独揽朝政，瞒上欺下，玩弄权术。许多想升官的人都争相巴结靠拢他，李垂却从不主动前去拜谒。别人都不理解他的做法，李垂解释说："丁谓身为宰相，非但不秉公执政，反而徇私枉法，仗势欺人，有负朝廷重托。这样的人我怎能去拜谒呢？"

这些话传到丁谓耳中后，丁谓就找了个借口把李垂贬到了外地。

宋仁宗即位后，丁谓被贬，朝廷任命了新的宰相。李垂也奉召回京。朋友们劝李垂说："现在有些朝中大臣欣赏你的才学，有意推荐你。可新任的宰相对你还不熟悉，你应该主动去拜见一下。"

李垂回答："如果当年我去拜谒了丁谓，现在可能早就当上翰林学士了。如今我年岁已老，见到大臣做出不平之事，依然会当面指责。我又怎么可能趋炎附势，看别人的脸色，来换取引荐提携呢？"

结果，新宰相听说李垂的言行后，又将他贬出了京城。

【释义】

趋炎附势：指投靠依附有权势的人。趋：追逐。炎：指权势者。附：依附。

曲高和寡

有一次，楚襄王问文学家宋玉："先生最近有行为失检之处吗？为什么会有些对你不好的议论呢？"

宋玉坦然答道："是有这么回事。请大王先听我讲个故事吧。最近，有个人来郢都唱歌。起先，他唱的是非常通俗的《下里》和《巴人》，城里与他应和而歌的有数千人。接着，他唱了比较通俗的《阳河》和《薤露》，跟着他唱的人就少了很多，大概有几百人。等他开始唱格调较为高雅的《阳春》和《白雪》时，能跟他一起唱的就只有几十人了。最后，当他唱起格调高雅的商音、羽音，又杂以流畅的徵音时，跟着唱的人就更少了，不过几人而已。可见，唱的曲子格调越高雅，能跟着唱的人就越少。"

说完这个故事，宋玉又打比方说："凤凰能在九霄云外翱翔，在篱笆间跳跃的小鸟怎能与它相比呢？鲲鱼朝辞昆仑，夜宿大泽，在浅水中嬉游的小鱼怎能与它相提并论？人也是如此。圣人有奇伟的思想、不凡的表现，普通人又怎能理解他的言行呢？"

楚襄王听了这番话，明白了宋玉的意思。

【释义】

曲高和寡：乐曲的格调越高，能跟着唱的人就越少。形容知音难得。现在也比喻言论或作品内容艰深，能理解的人很少。曲：曲调。高：高深。和：跟着别人唱。寡：少。

犬牙交错

汉高祖刘邦登基后，废除了那些异姓诸侯，重新封了很多刘姓子弟为王。但到了汉景帝时，刘姓诸侯王的势力越来越大，开始和朝廷分庭抗礼，有的甚至还有篡位的企图。

御史大夫晁错见形势不对，就上奏汉景帝，建议汉景帝采取措施，逐渐收回诸侯王的封地，削弱他们的势力，以巩固中央政权。消息一传出，诸侯王们立即互相串通来反对朝廷。其中，有七个诸侯王联合起兵，打着"诛晁错，清君侧"的旗号发动了叛乱。

汉景帝急忙调集军队，平息了叛乱。但他却没有吸取教训，又将十三个儿子分封为诸侯王。

汉景帝的儿子汉武帝继位后，鉴于七王叛乱的教训，他决定限制诸侯王的权势。诸侯王们听说后，向汉武帝恳求道："我们与皇上可是骨肉弟兄啊。先王封给我们的土地，像犬牙那样上下交错，互相嵌入，为的就是让我们彼此援助，互相制约，以保刘氏江山如磐石般永固。皇上如果收回我们的封地，岂不是有负先王？"

汉武帝见他们言辞恳切，一时无法反驳，便好言安慰了他们一番。随后，他暗中下令，命各诸侯王把封地再分封给自己的子弟，从而使各诸侯国的势力被瓦解，巩固了中央集权。

【释义】

犬牙交错：狗的牙齿上下参差不齐。形容地形交界处交叉错杂。也泛指形势错综复杂。错：交叉，错杂，像狗牙那样上下交错。

R

人言可畏

《诗经·郑风·将仲子》叙述了这样一个故事:

一个叫仲子的男青年,爱上了一位年轻姑娘。他想偷偷地去姑娘家约会。因为他们的恋情尚未得到父母的允许,姑娘担心父母会责骂,所以请求恋人不要这么做。她唱道:"仲子啊,请求你别爬我家的门楼,不要把我种的杞树弄断了。并非我舍不得树,而是怕我的父母说。我也在想你呀,仲子,只是怕父母要骂我。"

接着,姑娘想到了哥哥们,便继续唱:"仲子啊,请求你别爬我家的墙,不要把我种的桑树弄断了。并非我舍不得树,而是怕哥哥们说。我也想你呀,仲子,只是怕哥哥们要骂我。"

姑娘还想到,如果邻居们知道了,就会在背后议论她。于是她又唱道:"仲子啊,请求你别爬我家的后园,不要把我种的檀树弄断了。并非我舍不得树,而是怕别人说闲话。我也想你呀，仲子，只是怕人家风言风语地议论我。"

《诗经·郑风·将仲子》这首诗将一个姑娘想爱而不敢爱，顾虑重重的心理表现得细腻真实。特别是最后一句"人之多言，亦可畏也"更是写出了姑娘内心的矛盾挣扎。成语"人言可畏"也由此得来。

【释义】

人言可畏：指流言蜚语令人害怕。人言：别人的议论，指流言蜚语。畏：害怕。

忍辱负重

公元221年，刘备出兵攻打东吴，意图夺回战略要地荆州。孙权派人求和，被刘备拒绝。于是孙权任命年仅三十八岁的陆逊为大都督，率兵迎敌。

刘备的军队抵达长江边的夷陵后，安营扎寨，排兵布阵。陆逊见蜀军气势逼人，且占据了有利地形，就命部队原地待命。此时，东吴的另一支军队被蜀军围困在夷道，向陆逊求援，陆逊却拒绝发兵。

陆逊的做法引起了部下的不满。他们认为他既不出击,也不增援,是胆小怯懦之辈。很多老将开始不听从陆逊的指挥。陆逊见此情形,便召集众将,对他们说:"刘备天下闻名,连曹操都忌惮他。如今他带兵前来,各位将军务必以大局为重,齐心协力共灭劲敌。我虽然是一介书生,但受主上任命,必当恪尽职守。主上之所以让诸位听从我的调遣,是因为我还有可取之处,能够忍受委屈,担负重任。军令不可违,违者军法处置!望各位听从指挥!"

众将都被陆逊软硬兼施的话镇住了。此后,再没有人敢不从命。陆逊耐心地坚守了半年多,直到蜀军气势衰竭,他才巧用火攻一举打败了蜀军。

【释义】

忍辱负重:忍受屈辱,担负重任。

任人唯贤

公子纠和公子小白都是齐襄公的弟弟,他们各有一个贤能的师父管仲和鲍叔牙。因齐襄公荒淫无道,公子纠跟随管仲去鲁国避难,而公子小白则跟着鲍叔牙逃到了莒国。

后来,齐国内乱,齐襄公被杀。大臣们派使者去鲁国迎公子纠回国即位。因为莒国离齐国距离近,所以管仲担心公子小白抢先回国夺取王位。于是，管仲就先领了一队人马前去拦截。在即墨附近，管仲追上了公子小白的马车。但公子小白不听管仲的劝阻，执意回国。管仲就在临行前偷偷射了公子小白一箭。见公子小白应声倒下，管仲放下心来，不慌不忙地护送公子纠上路了。

没想到，公子小白并未被箭射死，他那么做只是为了掩人耳目。他赶在公子纠前面回到齐国，登基即位，成为齐桓公。公子纠被逼死，管仲也被齐军抓了起来。

管仲被捆绑着，押往齐国的都城。走到绮乌这个地方时，又饥又渴的管仲向一位守边界的官吏讨东西吃。这个官吏竟跪在地上，亲手端饭给管仲吃。管仲吃饱后，官吏问他："如果您到齐国后，没有被杀死，而是受到任用，您会怎样报答我？"

管仲回答："要是真如你所说，我能得到任用，那我将任用贤人，使用能人，按照功劳大小进行评赏。我能拿什么报答您呢？"

管仲被押解到都城后，果然没有被杀，而是被任命为相国。原来是鲍叔牙赏识管仲的才能，说服齐桓公不计一箭之仇，任用管仲为相。管仲也不负众望，协助齐桓公成就了霸业。

【释义】

任人唯贤：任用人只挑选德才兼备的人，而不管他与自己关系是否密切。贤：德才兼备的人。

如火如荼

　　春秋时，吴王夫差与鲁国、卫国会盟，跟晋国争夺中原霸主的地位。但晋定公认为晋国历来是诸侯的首领，理应由他当盟主，所以与吴王夫差互不相让。

　　此时越王勾践趁机派兵攻打吴国，吴王夫差得知消息后，急于尽快逼迫晋定公订立盟约，承认自己的盟主地位，以便及早赶回去救急。于是吴王夫差决定出奇制胜，向晋定公显示一下吴国的军威，逼他就范。

　　吴王夫差精心挑选了三万精兵强将，组成三个整齐的方阵。每个方阵的人马分别穿着白色、红色和黑色的服饰。黎明时，三路人马抵达晋军驻地附近。吴王夫差命令击鼓。刹那间，鼓声惊天动地响起来。

　　晋定公被鼓声惊醒，举目一看，只见吴军军威浩荡，气势夺人。白色方阵，白盔白甲，白衣白旗白箭翎，就像一片开满的白花；红色方阵，红盔红甲，红衣红旗红箭翎，望之如熊熊燃烧的火焰；黑色方阵，黑压压一片，如同翻卷的乌云。晋定公不由得瞠目结舌。

　　吴王夫差派去的使者向晋定公转达了吴王夫差的意

图，晋定公见此形势，只得答应。于是，吴王夫差便如愿以偿地当上了盟主。

【释义】

如火如荼：像火那么红，像荼那么白。原来形容军容盛大，现在用来形容气势盛大或气氛、情感热烈。荼：茅草的白花。

如鱼得水

刘备三顾茅庐，从隆中卧龙岗请出诸葛亮为军师。诸葛亮为刘备的诚意所感动，竭尽全力辅佐他实现宏图大志。诸葛亮分析了天下的形势，为刘备确定了东联孙权，北伐曹操的战略方针。

刘备越来越信任诸葛亮，两人的交情日益亲密，无形中刘备忽略了其他将领。这引起了刘备的结拜兄弟关羽和张飞的不满。他们忍不住在刘备面前发牢骚，表达不悦之情。刘备向他们介绍了诸葛亮的才识、胆略，反复说明诸葛亮对自己夺取天下的宏图霸业有重要的作用。刘备形容说："我得到诸葛亮，就好比鱼儿得了水。希望你们不要多说什么了。"

关羽和张飞在刘备的耐心劝说下,不再说对诸葛亮不满的话了。刘备在诸葛亮的辅佐下,军事上不断取得胜利,最终与魏、吴形成了三国鼎立的局面。

【释义】

如鱼得水:像鱼得到水一样。比喻有所凭借。

如坐针毡

晋朝的名将杜预,有个儿子名叫杜锡。杜锡从小就博学多才,远近闻名。晋惠帝赏识杜锡的才学,请他做了太子中舍人。

杜锡性格刚正不阿,他见愍怀太子不求上进,行为乖张,就常常直言相劝,希望太子能够收敛行为,发愤向上。虽然杜锡言辞恳切,但太子听了很不舒服,心里十分不悦。他不仅不听劝告,反而觉得杜锡是无事生非。为解心头之恨,给杜锡一点教训,太子暗地里派人,在杜锡平日坐的毡子下面插了许多针。

杜锡对此毫无察觉,他来宫里后,照常坐在那块毡子上,结果被刺得流出血来。

"如坐针毡"便由这个故事引申而来。

【释义】

如坐针毡：像坐在插了针的坐垫上。形容心神不安，片刻都难以忍受。

孺子可教

刘邦的谋士张良，年轻时因为刺杀秦始皇未遂，隐姓埋名逃到下邳藏身。一天，张良经过下邳附近的圯水桥时，一位老人冲他喊道："喂，年轻人，替我把鞋捡起来！"张良看了一下，原来老人的鞋子掉到桥下去了。张良虽然对老人粗鲁的态度有些不满，但见他年迈体衰，就没说什么，走下桥去帮他把鞋捡了起来。

张良把鞋递给老人，老人却不伸手接，而是说："给我穿上！"张良心想，既然已经帮他捡了鞋，给他穿上也无妨，和一个老人不必太计较。于是他就蹲下身来，恭恭敬敬地给老人穿上鞋。老人站起身，连句感谢的话都没说就走了。

张良见老人行为古怪，猜想此人必有来历。果然，那老人走了一里多路，又转身回来，对张良说："你这年轻人很有出息，值得我教诲。五天后的早上，你到桥上来见我吧。"

到了这天早上，张良如约赶来。老人已经先到了。见到张良，老人恼怒地说："与年长的人约会，应该早点来！再过五天，你早些来见我！"

又过了五天，张良提早来到桥上，老人又等在那里了。老人说："你又迟到了。过五天再来！"

张良下决心这次一定要比老人早到。所以他半夜就摸黑来桥上等候。直到天蒙蒙亮时，老人才蹒跚而来。张良赶紧上前搀扶。老人高兴地说："这样做才对呀！"说完，他从怀里取出一部《太公兵法》交给张良，吩咐道："你一定要用功研读此书。它能助你成为帝王之师。"

张良恭敬地接过书，老人二话不说，扬长而去。后来，张良悉心研究这部兵法，获益匪浅，最终成为刘邦的重要谋士，为建立汉朝立下了显赫功劳。

【释义】

孺子可教：小孩子是可以教诲的。形容年轻人有出息，可以培养。孺子：小孩子。教：教诲。

入木三分

晋代的王羲之，是我国历史上最著名的书法家。他的传世名作有《兰亭集序》《黄庭经》等。

王羲之的字平和自然,委婉含蓄,遒劲健秀,后人评曰:"飘若游云,矫若惊蛇。"他的字帖成为后世学习书法的人争相临摹的范本。

为了练好书法,王羲之跋山涉水,四处搜集古代碑刻,积累了大量的书法资料。在他的书房内、院子里、大门边甚至厕所外面,都摆放着笔、墨、纸、砚。每想到一个字的结构,他就马上提笔写到纸上。平时走路或休息时,他心里也在揣摩字的结构运笔,手指随之在衣襟上比画。久而久之,他的衣服都被手指磨破了。

王羲之还喜欢观察鹅,从鹅的体态姿势上领悟运笔的原理。一天,他在一个道观边看到一群可爱的白鹅。他凝视鹅摇摇摆摆走路的样子,越看越喜欢,就想把鹅买回家去。鹅的主人说:"如果你想要鹅,就请代我书写一部《黄庭经》吧!"王羲之竟欣然答应了这个条件。

有一次,皇帝要到北郊去祭祀,请王羲之先把祝词写在木板上,再令工人进行雕刻。工人们拿到王羲之书写过的木板,用刀去削,发现他的字迹竟然渗到木板里面有三分深。

【释义】

入木三分:形容书法笔力遒劲雄健。也比喻见解、议论深刻。

S

塞翁失马

相传在古代,北方边塞上有一位老人,名叫塞翁。他养了很多马匹。一天,他的一匹马走失了。邻居们知道了这个消息,替他感到惋惜,都赶来安慰他。可是塞翁却坦然自若地说:"我虽然丢了一匹马,但怎么知道这不是我的福气呢?"

几个月后的一天,塞翁丢失的马忽然回来了,还带来了一匹匈奴的骏马。左邻右舍纷纷赶来贺喜,塞翁却没有喜形于色,而是皱着眉头,忧虑地说:"我的马回来了,还带来了一匹马,可谁知道这不是祸根呢?"大家听了,都觉得很难理解。

塞翁有一个儿子,从小喜欢骑马。自从得了这匹骏马,就整天骑着它四处奔驰。一天,当他再次骑马时,这匹马突然掀起后蹄,把他从马背上甩了下来。塞翁的儿子摔断了腿,虽然经过医治得以行走,但还是留下了残疾。

众人都为塞翁感到难过。但是塞翁却若无其事地说："我的儿子摔断了腿，未必不是我的福气啊。"

不久，匈奴入侵边境。朝廷征兵抗敌，边塞上的青壮年都被应征入伍，结果死的死，亡的亡。只有塞翁的儿子因为残疾没有被征召入伍，得以幸存，与家人安享团聚。

【释义】

塞翁失马：比喻坏事在一定情况下会变成好事。

三顾茅庐

东汉末年，群雄逐鹿，争霸天下。曹操控制着朝廷，大权独揽；孙权据守东吴，实力雄厚；汉室后裔刘备，虽心怀大志，却苦于没有固定的地盘、得力的人手，只得屈就于刘表麾下，驻守新野。

一个叫徐庶的名士知道刘备胸怀抱负，便向他推荐了隐士诸葛亮，说此人智慧超群、博古通今、雄才伟略，若得此人相助，必能建功立业。徐庶还告诉刘备，诸葛亮在隆中修建了几间茅屋，住在那里耕读隐居。诸葛亮常自比为春秋时代的齐相管仲、战国时代的名将乐毅。

刘备一听，便让徐庶立刻将诸葛亮请来。徐庶说："此人必须你亲自到他家里去拜请。"

刘备就领着结义兄弟关羽和张飞，带上厚礼，去隆中的卧龙岗登门拜访诸葛亮。没想到，诸葛亮恰好外出不在家，兄弟三人白跑了一趟。

几天后，刘备又和两个兄弟一起，冒着风雪去拜访诸葛亮。不料，诸葛亮已经出门闲游去了。张飞是个急性子，见登门不遇，就嚷嚷着要回去。刘备只好留下一封书信，情真意切地表达了自己求贤若渴的心情。

又过了几天，刘备特意斋戒三日，并且焚香沐浴，准备第三次去拜见诸葛亮。关羽劝刘备不要再去，说诸葛亮可能是浪得虚名，未必有真本事。张飞则鲁莽地说，根本没必要三人同去拜请，只需他一人去便可，如果诸葛亮不肯来，他就用绳子将诸葛亮捆来。刘备耐心地劝说了半天，两个兄弟才答应一起去。

这一次，诸葛亮总算是在家了，却正在睡午觉。刘备不敢惊扰，就在台阶下耐心等待。这一等就是几个时辰，期间张飞按捺不住，几次想闯进去，都被刘备拦住了。等诸葛亮醒来，刘备才入室求见。

诸葛亮被刘备的诚意感动，答应出山，帮助刘备完成统一天下的大业。

后来刘备采用诸葛亮的军事策略，很快就壮大了实力，终于与曹操、孙权鼎足而立，三分天下。

【释义】

三顾茅庐：比喻诚心诚意地一再邀请。顾：拜访。茅庐：草房。

三令五申

春秋时，著名军事学家孙武，携带自己著作的《孙子兵法》去见吴王阖闾。吴王看过之后说："你的十三篇兵法，我都看过了，但不知你是否真的会指挥军队。你能不能用我的军队试试？"孙武说可以。吴王再问："用妇女来试验可以吗？"孙武也说可以。

于是吴王召集宫中一百八十名美女，请孙武训练。

孙武将宫女们分为两队，任用吴王最宠爱的两个宫姬为队长，叫她们每人都拿着长戟。队伍站好后，孙武便问："你们知道怎样向前向后和向左向右转吗？"众女兵说："知道。"

孙武再说："向前就看我心胸；向左就看我左手；向右就看我右手；向后就看我背后。"众女兵说："明白了。"于是孙武下令搬出铁钺，三番五次向她们申戒。

孙武说完便击鼓发出向右转的号令。怎知众女兵不单没有依令行动，反而哈哈大笑。

孙武见状说:"解释不明,交代不清,应该是将官的过错。"于是又将刚才的一番话详尽地向她们解释了一次。接着孙武击鼓发出向左转的号令。众女兵仍然只是大笑。

孙武便说:"解释不明,交代不清,是将官的过错。然而不听命令,就是队长和士兵的过错了。"说完命左右随从把两个队长推出去斩首。

吴王见孙武要斩他的爱姬,急忙派人向孙武讲情,可是孙武却说:"将在军中,君命有所不受!"遂命左右将两个女队长斩了,再命两位排头为队长。自此以后,众女兵无论是向前向后,向左向右,甚至跪下、起立等复杂的动作都认真操练,再不敢儿戏了。

【释义】

三令五申:再三地命令和告诫。令:命令。申:表达,说明。

三人成虎

战国时代,各国互相攻伐,为了使彼此有所制约,国与国之间通常都将太子交给对方作为人质。

魏国的太子要到赵国去当人质,魏王便派大臣庞葱陪同前往。临行前，庞葱担心自己去赵国后，会有人在背后说自己的坏话，使魏王不再信任自己。他对魏王说："如果有一个人向您禀报说，街市上出现了老虎，大王您相信吗？"

魏王当即回答说："我当然不相信。"

庞葱接着说："如果第二个人也说，街市上出现了老虎，大王您信不信？"

魏王迟疑了一下，说："我将信将疑。"

庞葱又说："要是有第三个人说，街市上出现了老虎，大王您会相信吗？"

魏王点点头说道："我会相信。"

庞葱就说："街市上不会有老虎，这是很显然的事情，可是有三个人这么说，就使大王认为真的有老虎了。现在赵国国都邯郸离魏国国都大梁，比王宫离街市的距离要远得多，背后议论我的人也肯定不止三个。希望大王对这些议论予以明察，不要轻信才好。"

魏王便说："我明白你的意思了。"

庞葱陪太子走后，果然有人在魏王面前诋毁他。魏王起初不信，但说的人多了，魏王也就相信了。等庞葱从邯郸回来后，已经失去了魏王的信任，魏王再也没有召见他。

【释义】

三人成虎：比喻谣言一再重复，便能使听者信以为真。

三思而行

春秋时，鲁国大夫季文子为人谦恭谨慎，处理事情稳妥得当，深得朝廷上下拥戴，先后在鲁文公、鲁宣公、鲁成公、鲁襄公四朝任职。

鲁襄公五年，季文子病逝。朝野上下称赞他说："季文子三思而后行。"意思是说，季文子在处理问题时，总是反复琢磨，悉心研究，在确保无误后，才开始采取行动，因此做事十分妥当。

【释义】

三思而行：表示遇到事情，经过反复考虑以后才去做。

杀鸡取卵

从前有个老太婆，她养了一只老母鸡。这只鸡有个特别稀奇的本领——每天都下一只金蛋。老太婆什么都不用做，就靠这些金蛋，过着衣食无忧的日子。

可是，因为母鸡一天只下一只蛋，老太婆渐渐不满足了，她起了贪念，想得到更多的金蛋。于是她守着母鸡寸步不离，希望母鸡能多下几只蛋。可是母鸡并不理会她的意愿，照旧不慌不忙地一天只下一只金蛋。

老太婆等得不耐烦了，为了能得到所有的金蛋，她把母鸡杀了。等她满怀期待地剖开母鸡的肚子时，不由得呆住了——母鸡的肚子里一只金蛋也没有！

从此，老太婆再也得不到金蛋了。

【释义】

杀鸡取卵：比喻只图眼前的好处，而不考虑长远的利益。

上行下效

春秋时，有一次，齐景公与群臣在广场上射箭玩乐。齐景公每射出一箭，无论是否射中靶心，文武百官都会齐声喝彩："好！真是箭法如神啊。"

齐景公觉得大臣们没有说实话，心里有些不快，就把这件事告诉了大臣弦章。弦章说："大王，您不能全怪臣子们。古人云：上行而后下效。国君喜欢吃啥，臣民们就喜欢吃啥；国君喜欢穿什么，臣民们也喜欢穿什么；国君如果喜欢奉承，群臣当然也就奉承他了。"

齐景帝听了弦章的分析，觉得很有道理，就赏给弦章许多东西。弦章摇头道："那些奉承大王的人，目的就是想多得些赏赐。如果我接受了这些赏赐，不也成了阿谀奉承的小人了？"因此，他坚决地拒绝了赏赐。

【释义】

上行下效：上面的人怎么做，下面的人就怎么学。效：仿效，跟着学。

神机妙算

三国时期，东吴的大都督周瑜有勇有谋，一向对自己的才能颇为自负。但自从刘备三顾茅庐请出诸葛亮做了军师以来，诸葛亮运筹帷幄，指挥若定，显示出了非凡的军事才能，周瑜为此暗暗嫉妒。

这一年，曹操率大军南下，妄图消灭孙权和刘备的势力，统一全国。刘备派诸葛亮前往东吴，与孙权商定联手抗曹。周瑜见到诸葛亮，便有心为难他，想借机除掉他。诸葛亮早已洞悉周瑜的心思，但为了顾全大局，就故作不知，不动声色。

一天，周瑜故意将造箭的任务交给诸葛亮，并让他立下军令状，三天内如果造不出十万支箭，就要将他斩首。诸葛亮坦然受命。周瑜暗中吩咐军匠拖延时间，不给诸葛亮提供造箭的材料。

一连两天过去了，诸葛亮不慌不忙，造出的箭寥寥无几。周瑜暗自高兴，认为这次诸葛亮必死无疑。

其实诸葛亮早有安排。他算准了第三天会有大雾，就私下里向鲁肃借来二十只快船，每只船配三十名士兵，船上用青布帐幕遮盖，再放上一千多个草人。第三天凌晨，江面上果然笼罩着浓雾。诸葛亮命士兵将草船偷偷驶近曹军水营后，突然擂鼓呐喊。曹操大惊，以为敌军趁雾偷袭，急命弓箭手向江中射箭。刹那间，箭如雨发。等云开雾散太阳升起，二十只草船上已插满了箭，数目远不止十万支。诸葛亮让士兵们高喊着"谢丞相赠箭"，迅速撤离。曹操这才知道中了诸葛亮的"草船借箭"之计。

周瑜得知事情的经过以后，慨然长叹："诸葛亮计谋高明，我不如他啊。"

【释义】

神机妙算：形容智谋特别高明。神、妙：形容高明。机、算：指计谋。

声东击西

秦朝灭亡后,项羽和刘邦开始了楚汉之争。战争开始阶段,刘邦因兵少势弱,经常吃败仗。有一次,汉军在彭城被楚军打败,许多将官投降了项羽。原本已归顺刘邦的魏王豹也借机叛离汉军,投靠项羽。

刘邦派韩信率兵攻打魏王豹。魏王豹任命柏直为大将,领重兵驻守黄河东岸的蒲坂,他封锁了渡口,收缴了船只,阻止汉军渡河。韩信见此情形,知道从此处硬攻很难取胜,于是采用了声东击西的战术。

韩信将军营扎在蒲坂对岸。白天旌旗招展,让士兵操练呐喊;晚上灯火通明,调兵遣将,做出准备从此处强渡的样子,麻痹敌人。暗地里,韩信将主力部队偷偷向北移动到夏阳。然后让士兵们把水桶连在一起,拴上木排,充当渡筏。由于夏阳没有魏军把守,所以汉军顺利地渡过了河,一举攻陷了魏军后方要地安邑。魏王豹仓皇迎战,结果惨败,被韩信活捉。

【释义】

声东击西:表面上攻打这一边,实际上却攻打那一边。声:声张。

盛气凌人

战国时,赵国刚刚由赵太后执政,秦国就趁机攻打赵国。赵国向齐国求援。齐国提出,要赵太后的儿子长安君到齐国做人质才肯出兵。无论大臣们如何劝谏,赵太后都不肯答应。她还放出话来:"若再有人来劝,我必吐他一脸口水。"

大臣触龙求见太后。太后猜想他又是来劝谏的,就怒气冲冲地等着他。触龙进来后,一路小跑到太后跟前,谢罪说:"我腿脚有毛病,不能快走,很久没来看您了。因为担心您玉体欠安,所以来看看您。"然后他开始和太后聊起饮食起居等家常话。太后的神色逐渐缓和下来。

触龙趁机恳请太后同意,把他最喜欢的年仅十五岁的小儿子安排到王宫卫队。太后问道:"你们男人也喜欢自己的小儿子吗?"触龙说:"比女人更喜欢。"太后笑道:"女人才更喜欢小儿子呢。"触龙说:"我觉得您对长安君的喜欢,比不上对女儿燕后的喜欢。"太后说:"你说错了,我更喜欢小儿子长安君。"

触龙见时机成熟,就言归正传:"父母喜欢孩子,就要为他做长远的打算。你把女儿嫁到燕国，每次祭祀都为她祈祷，希望她生个儿子继承王位，这是为她的长远利益考虑。你喜欢长安君，赐给他富地宝物，却不给他机会为国家建功立业，将来您不在了，他靠什么威望来做君王呢？你没有为他做长远的打算，所以说，你喜欢他比不上喜欢燕后。"

太后明白了触龙的意思，于是为长安君准备了上百辆车驾，让他去齐国当人质。齐国这才发兵。

【释义】

盛气凌人：形容骄傲自大、气势逼人。盛气：骄傲的气焰。凌：欺凌。

食不甘味

战国时，苏秦因为以连横策略游说秦王失败，便开始在各诸侯国之间游说合纵抗秦的策略。他凭借能言善辩的好口才，先后说服了燕、赵、韩、魏、齐几国的国君。最后，他来到了六国中最后一个诸侯国楚国。

苏秦先向楚威王分析楚国面临的形势："楚国是天下的强国，大王您是天下的明君。楚国地理条件优越，兵强粮足，是秦国所害怕的各诸侯国中实力最强的一个。楚国强大，秦国就变得弱小；秦国强大，楚国就变得弱小。秦、楚两国是势不两立的。在这样的形势下，大王不如与其他诸侯国联合起来，以合纵之策孤立秦国。现在的局势，合纵成功，楚国就能称王，连横成功，则是秦国称霸。我相信大王不会愿意抛弃霸业而去侍奉秦国。"

接着，苏秦又进一步剖析道："秦国是虎狼之国，怀有吞并天下的野心。主张连横的人想割让各国的土地来服侍秦国，这只会使秦国实力更强。一旦秦国举兵来犯，楚国必将落得割地给秦国的下场。"

楚威王被苏秦的话打动了，他说："是啊，楚国与秦国接壤，秦国一直想侵吞楚国的土地。我自己也早就估量到，单靠楚国自己的力量抵挡秦国，很难取胜。朝廷里的群臣也没有良策，与他们商量也是不可靠的。因此我睡不安稳，吃饭也没有味道，心像悬挂的旗子一样摇摆不定。现在您要联合诸侯，一致抗秦，我愿意以整个国家跟随。"

【释义】

食不甘味：吃了东西，不知味道。形容心里忧虑或身体不适。甘味：感到味道好。

拾人牙慧

东晋的殷浩,因曾在军队中任过"中军"一职,人称"殷中军"。他研究《老子》和《易经》颇有见地,谈论起来时,能引经据典,见解透辟。

殷浩有个外甥,名叫韩康伯,他聪明好学,口才甚佳。殷浩很欣赏他,常把他带在身边。

由于作战失败,殷浩被罢官,流放到信安。殷浩带着韩康伯一起来到信安,每天亲自指导他读书治学。韩康伯进步很快,学问大有长进。殷浩看在眼里,喜在心头。

可是时间一长,韩康伯开始流露出骄傲的情绪,常在别人面前卖弄学问。有一次,殷浩听到韩康伯正在高谈阔论,一脸得意的神情。仔细一听,他所说的,其实都是殷浩平时的一些观点,并非他自己的创见。殷浩对韩康伯的表现颇为失望,忍不住对别人说:"康伯连我牙后面的残渣都还没拾到,就这么自以为是,真是不应该呀。"

【释义】

拾人牙慧:比喻袭用他人的意见或言论。牙慧:指别人说过的话。

舐犊情深

东汉时，有一个叫杨修的才子。其父杨彪，曾做过太尉。杨修博学能言，机智过人，在曹操军中任主簿。

杨修自恃才高，言行锋芒不加遮掩。曹操既欣赏他的才智，又常常为他能道破别人未能察觉的玄机而感到隐隐不快。

一次，曹操军队攻打刘备时，陷于汉中，进退两难，进不能攻，守亦困难，如果退兵，又颜面尽失。曹操因此而颇费踌躇，面对桌上的菜肴食不甘味。正值部将夏侯惇来询问夜间的口令，曹操瞥见鸡汤里的几块鸡肋，心有所动，就随口说道："鸡肋！"

口令传下去后，众人都不解其意。杨修听后，却命随行军士收拾行李。夏侯惇听说后，急忙召来杨修，问他为什么这么做。杨修解释说："鸡肋，吃起来没肉，扔掉了可惜。现在我们进不能取胜，退又恐人耻笑，驻扎在这里也没有什么益处，不如及早回去。丞相既然说出'鸡肋'二字，想必是回去的决心已定。所以我提前收拾好行李，免得到时慌乱。"

不久，曹操果然下令班师回朝。

事后，曹操知道了杨修预先破解口令一事，心中更为疑忌，觉得杨修能洞悉他的心思，实为大患。加之平素杨修常自以为是，不太顺从，因此曹操便以杨修扰乱军心为借口，将他杀了。

后来，曹操看到杨修的父亲杨彪形容消瘦，神色黯然，便询问道："你怎么瘦得这么厉害？"杨彪流泪叹道："我还怀着老牛舐犊之爱呀。"曹操见他神色哀伤，念及杨修少年才俊，也为之动容。

【释义】

舐犊情深：形容父母对儿女感情深厚。舐：舔。

势如破竹

西晋时，名将杜预向晋武帝提出了发兵消灭吴国的建议。晋武帝拿不准主意，便召集群臣商议。很多大臣提出了反对意见，他们认为吴国国力强盛，不易攻克；再加上时值盛夏，河水暴涨，此时出兵，对于不擅长水战的北方士兵而言，极为不利。因此他们认为，等到明年春天再出兵，取胜的把握才更大。

杜预反驳他们说："战国时代的燕国大将乐毅，曾一口气攻下齐国七十多座城池。取胜的原因，除了他指挥得力外，更主要的是士气旺盛。现在，我们已经灭掉了蜀国，将士们正是士气大振的时候，此时去攻打吴国，就像是用刀劈竹子一样，劈裂了几节后，剩下的就会迎刃而解，轻松无阻。"

晋武帝听了杜预的见解，认为很有道理，便同意了他的意见。于是，杜预即刻出兵。在很短的时间里，他接连攻下吴国的许多城池，俘虏了吴国都督和文武大臣二百多人。晋军一路攻无不克，很快就攻占了吴国的都城建业，灭掉了吴国。

【释义】

势如破竹：形势就像劈竹子，头几节劈开后，下面的各节就能毫不费力地顺着刀口分开。形容节节胜利，毫无阻碍。

视死如归

春秋时，为帮助齐国公子纠争夺王位，管仲曾用箭射过齐国公子小白。但最终还是公子小白得以即位，成为齐桓公。齐桓公听从师父鲍叔牙的推荐，不计前嫌，任命管仲为相。管仲也感于齐桓公的知人善用，所以尽心辅佐。

有一次，齐桓公向管仲请教治国兴邦和用人的策略。管仲答道："开垦土地、建设城镇、发展生产、积累财富，这些方面的能力我不如宁越，请派他去掌管经济；审时度势、举止得体、通晓礼仪，这些方面我不如隰朋，请派隰朋去掌管外交；论不计私利、刚正不阿、直言进谏，我不如东郭牙，请派他去主管监察；论领兵作战、视死如归，我不如王子城父，请派他去管理军队；至于断案英明、不枉杀无辜，我不如弦章，请派他管理司法。如果大王想富国强兵，有这五个人就足够了。倘若大王还想称霸的话，那还有我管仲。"

齐桓公十分赞赏管仲的分析，他按照管仲所说的，给那五个人一一分派了适合的官职。齐国在管仲等贤臣的辅佐治理下，渐渐强大起来，最终成为诸侯国的霸主。

【释义】

视死如归：对死亡无所畏惧，把死看作回到家中去一样。归：回家。

守株待兔

战国时，宋国有一个农夫，他每天都到田里辛苦地干

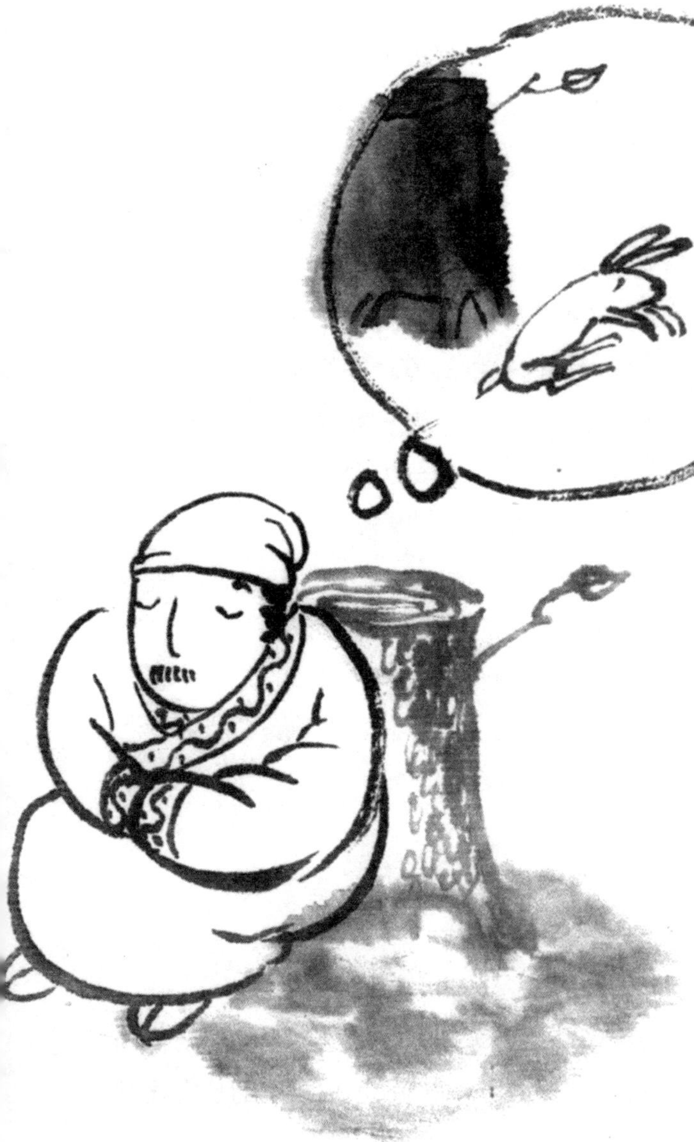

活,来维持全家的生活。

一天,农夫又像往常一样到田里耕作,忽然看到一只兔子,飞快地从草丛里蹿出来,急急忙忙往前跑。兔子一不小心,一头撞到田边的树桩上,死了。农夫上前捡起死兔子,心里非常高兴,觉得自己真是幸运极了。他想,要是天天都能捡到撞死的兔子,岂不是比耕田的收获多吗?而且田里的活又多又累,哪有捡兔子轻松啊?

从此以后,农夫再也不耕田了,每天都坐在田边的大树下,等着兔子来撞树。日子一天一天地过去了,他连一只兔子都没有等到,而田里的庄稼也因为无人耕种,全都荒芜了。

【释义】

守株待兔:比喻不主动努力争取,还心存侥幸,希望得到意外的收获。株:露出地面的树根。

双管齐下

唐代有个著名的画家,名叫张璪。宰相刘晏曾请他到京城长安,在祠部任员外郎。那时,上门求画的达官显贵络绎不绝。

后来，张璪因得罪了权贵，被贬出京城，到外地任了个闲职。从此，他的画开始在民间流传。

张璪以画山水松石闻名于世。他的画作意象独特，势凌风雨，气傲烟霞。他画松树的本领更是让人叹为观止。他能双手各握一支笔，同时作画。而且可以用一支笔画出生机盎然的苍翠枝干的同时，用另一支笔画出枯萎残败的虬枝老树。无论是新枝还是老树均栩栩如生。

【释义】

双管齐下：原指双手握笔同时作画。后来比喻做事情同时采用两种办法或两件事同时进行。管：笔管。

水落石出

宋代大文学家苏轼被贬谪到黄州期间，曾两次游历黄州城外的赤壁，并分别写下了两篇传世之作，《前赤壁赋》和《后赤壁赋》。在《后赤壁赋》中有这样一句形容江水山石的话："江流有声，断岸千尺，山高月小，水落石出。"

据说当时正值秋季，一个月白风清之夜，苏轼与朋友结伴出游。他们泛舟江上，来到赤壁，赏着明月，饮着美酒，谈诗论事，情趣风雅。万籁俱寂的朗月苍穹下，东流的江水汩汩潺潺，声音分外清晰。岸边陡壁，高耸峻峭。屹立的高山将明月衬托得分外娇小。江水回落，水下的石头渐渐露出来。

良辰美景让苏轼尽兴而归。因为兴之所至，所以他创作出了名传千古的佳作。

【释义】

水落石出：原意是指水落下去，水底的石头露了出来。后来用于比喻事情终于真相大白。

水深火热

战国时，因燕国国君哙把王位让给了相国子之，引起公子平的不满。公子平与将军市被起兵造反。燕国爆发了内战。

齐宣王趁机派大将匡章率兵进攻燕国。燕国百姓不堪内战之苦，以为齐军是来帮助燕国平定内乱的，所以不仅不予以抵抗，有些地方的百姓甚至送饭递水，欢迎齐军。

齐军只用了五十天，就攻下了燕都。燕王哙自杀，子之被处死，内战平息。但齐军却迟迟不肯退兵。而且匡章也不约束军队，任由士兵欺压当地百姓。燕国人民开始纷纷起来反抗齐军。

齐宣王向正在齐国游说的孟子请教:"现在朝中有两派意见,有的劝我吞并燕国,有的则劝我不要这么做。我认为,齐军五十天就攻下了燕国的都城,这不是人力所能做到的,不吞并它肯定违背天意,但如果吞并它又会有什么结果呢?"

孟子回答说:"当初齐军攻入燕国,燕国百姓表示欢迎,那是因为他们想摆脱苦日子。但如今齐国若是吞并燕国,燕国人就要面临亡国的灾难,陷入水深火热的痛苦之中。那他们必将盼望别的国家来解救。"

齐宣王没有听取孟子的意见,一意孤行,坚持吞并了燕国。这不仅引起了燕国百姓的反抗,也招致了其他国家的讨伐。齐宣王最终不得不从燕国撤军。

【释义】

水深火热:像在越沉越深的水中,如在越来越热的火里。比喻人民或国家灾难深重。

司空见惯

刘禹锡是唐朝著名的诗人。中了进士后,他在京中任监察御史，但他因为性格放荡不羁，所以受人排挤，被贬为苏州刺史。

刘禹锡任苏州刺史时，当地有一个名叫李绅的人，因仰慕刘禹锡的才学及为人，邀请刘禹锡饮酒，还请了几个歌伎作陪。美酒佳肴、莺歌燕语，宾主尽欢。刘禹锡一时诗兴大发，作了这样一首诗：

"高髻云鬟宫样妆，春风一曲杜韦娘。司空见惯浑闲事，断尽江南刺史肠。"

"司空"，是古代一种官职名称。因李绅曾任过司空官职，所以诗句的原意是指李绅对这样的事情，已经习惯，不觉得奇怪了。"司空见惯"这句成语，就是从这首诗中得来的。

【释义】

司空见惯：比喻常见之事，不足为奇。

死灰复燃

西汉时，汉景帝的弟弟梁孝王在生活排场上，处处与皇帝看齐。汉景帝为此十分不满，太后也很有意见。梁孝王察觉后，急忙派中大夫韩安国进京，为自己开脱。

韩安国来到京城，先去找了汉景帝的姐姐长公主。他流着泪对长公主说："当初七个诸侯王叛乱时，梁孝王每次想到太后和皇上的处境，都会痛哭流涕。他亲自跪送，派我率兵迎敌，平定了叛乱，可见梁孝王对朝廷忠心耿耿。他平时讲究帝王气派，无非是想让大家知道，太后和皇上对他非常宠爱而已。"

这番有情有理的话，打动了长公主。长公主就向太后和汉景帝做了转达。汉景帝听后，对梁孝王的不满情绪消除了。景帝下令召见了韩安国，还重赏了他。

之前的平定叛乱，加上这次的成功出使，让韩安国在朝廷内外名声大震。

后来，由于受一件案子的牵连，韩安国不幸入狱。有个叫田甲的狱卒，见韩安国失了势，常借故凌辱他。韩安国忍无可忍，便对田甲说："你不要以为我今生再无出头之日了。难道死灰就不会复燃了吗？"

田甲嘲笑着说："如果死灰能复燃，我就撒泡尿，把它浇灭。"

没想到，不久，韩安国不仅被释放了，还升了职。田甲闻讯仓皇逃走。韩安国放出口信说："田甲不来见我的话，他全家人性命不保。"

几天后，田甲哆哆嗦嗦地前来请罪。韩安国见了他，说："死灰复燃了，你撒尿吧。"田甲连连磕头求饶。韩安国笑道："算了，你这种人不值得报复。"

【释义】

死灰复燃：燃烧后剩下的灰烬，又重新燃烧起来。原比喻失势后重新得势。现在常用来比喻被消灭的恶势力或不良的思想重新活跃起来。

四面楚歌

秦末，因秦二世昏庸残暴，百姓怨声载道。陈胜、吴广在大泽乡起兵反秦，各地纷纷响应。在众多起义队伍中，项羽所率领的军队势力最为强大，由刘邦率领的另一支队伍只得暂时听从项羽的号令。

秦朝灭亡后，项羽自封为西楚霸王，封刘邦为汉王。项羽还另外封了许多王。不久，诸王内讧，互相火拼。项羽把尊为义帝的楚怀王杀了。刘邦借机兴兵讨伐项羽。楚汉战争由此开始。

经过五年的交战，刘邦的势力渐渐壮大，项羽却因刚愎自用而屡遭重创。最后一战，项羽的军队被刘邦的汉军围困在垓下。此时的项羽兵少粮绝。夜里，刘邦命将士们高唱楚歌。项羽听到从四面八方传来的楚歌，不由得大惊失色道："难道汉军已经全部占领了楚地？为何到处都是楚人的歌声？"

这时，原本已军心涣散的楚军彻底丧失了斗志，兵败如山倒。项羽最终败逃，在乌江边刎颈自尽。

【释义】

四面楚歌：比喻四面受敌，处于孤立无援的困境。

T

谈笑自若

三国时，赤壁一战，曹操大败。孙权和刘备的部队乘胜追击，一直将曹操追至南郡。驻守南郡的是魏将曹仁，他以逸待劳，击败了吴军的先头部队。吴军的大都督周瑜决定与曹仁决一死战。吴将甘宁不同意周瑜的计划。他认为，此时应先袭取夷陵，因为夷陵与南郡互呈掎角之势，攻下夷陵，再来攻南郡，才能确保胜利。周瑜采纳了甘宁的建议，命他率兵攻打夷陵。

甘宁带领军队迅速赶至夷陵，经过激战后，将魏军守将曹洪打败，占领了夷陵。南郡守将曹仁得知消息后，立即发兵，与败逃的曹洪会合，聚集了五千多兵力，围困夷陵城。

此时，城内甘宁的军队只有千余人，双方力量悬殊。曹军架起云梯数次攻城，均被击退。第二天，曹军堆土筑起高楼，在高楼上箭如雨发，射死射伤了不少守城的吴军。甘宁手下的将士们都开始惊慌起来，只有甘宁依旧像什么事都没发生似的，面带微笑，言谈自如。他命人将曹军射来的箭都收集起来，然后挑选了优秀的射手，与曹军对射。甘宁镇静沉稳的指挥让士兵们士气大振，英勇抗敌，致使曹军始终无法攻破城池。

【释义】

谈笑自若：形容谈话时又说又笑，兴致很高，并且很有风趣。自若：跟平时一样。

探囊取物

五代时，后唐的韩熙载因父亲被明宗李嗣源所杀，决定离开中原，投奔江南的南唐。他的好友李毂为他送行。临别时，韩熙载对李毂说："江南的国家若能任用我为宰相，我一定能迅速地率军平定中原。"

李毂则说："中原的国家如果让我任宰相，那么夺取江南就像把手伸进口袋里拿东西一样容易。"

两个人分别后，韩熙载投奔到南唐。但是，因政局不稳，奸臣当道，他一直未获重用，整日借酒消愁，与歌伎厮混，原先的理想抱负都没能实现。

李毅的情况有所不同，他做了后周的将领，率兵南下，征讨南唐。一路征战，屡建奇功。不过，他想当宰相的誓言终究也落了空。

【释义】

探囊取物：伸手到袋子里取东西。比喻一件事情非常容易办好。探囊：向口袋里摸取。

叹为观止

春秋时，吴国国君寿梦有四个儿子，其中最有贤能的是季札。寿梦病危时，提出让季札继位，但季札没有接受。于是，寿梦立下遗嘱：他死后，四个儿子依次传位。

等王位传至第三个儿子馀昧时，馀昧拜弟弟季札为相，并派季札去出使各诸侯国。

季札出访到鲁国，鲁襄公安排了盛大的舞乐来接待他。季札一边观赏，一边评点。欣赏到成汤的《韶濩》舞时，他赞叹道："圣人多么伟大，但难免有缺点。当圣人多么不易啊！"

欣赏完了舜的《韶箾》舞，他彬彬有礼地总结道："德行已经到达顶点了，伟大得像无所不包的苍穹、无所不载的大地。既然已经如此盛大，就不会再有更好的了。我们就到此为止吧。"

鲁襄公闻言深感惊奇，季札竟能懂得这是最后的高潮节目！季札的博学赢得了在座宾客的尊敬。

【释义】

叹为观止：用来赞美看到的事物好到了极点。叹：赞叹。观止：看到这里就停止，不再看别的了。

螳臂当车

鲁国的名士颜阖游历到卫国，卫灵公听说他学识渊博，便想请他做长子蒯聩的老师。

颜阖听说蒯聩的性情非常凶暴，常滥杀无辜，卫国人都很惧怕他。于是颜阖就去向卫国的贤人蘧伯玉请教。他说："假如我答应做蒯聩的老师，将会很为难：如果我放任他，任他胡作非为，那么将给国家带来灾难；如果我对他严加管教，又担心他加害于我。我该怎么办哪？"

蘧伯玉回答道："以你的能力去教育蒯聩是很困难的。真要当了他的老师，就得处处谨慎，不能去触犯他，否则就会惹来杀身之祸。"

颜阖觉得他说得很有道理，连连点头。

蘧伯玉又举了个例子："有一次我乘马车外出时，看到路上有一只螳螂。它不顾滚滚而来的车轮，奋力举起自己的两条前腿，妄图挡住车轮前进。它自不量力，结果当然是被车轮碾得粉身碎骨。如果你想当蒯聩的老师，去拦阻他的行为，恐怕下场就和那只挡车的螳螂一样了。"

颜阖听了蘧伯玉的话，没有接受聘请，尽快离开了卫国。后来，蒯聩因闹事被人杀死。

【释义】

螳臂当车：螳螂举足想挡住车子前进。比喻不自量力。当：阻挡。

螳螂捕蝉，黄雀在后

春秋时期，吴王寿梦准备攻打楚国。大臣们认为，攻打楚国会使吴国后防空虚，别的诸侯国可能会乘虚而入，给吴国带来危险。但是因为吴王已经下令：谁敢反对出兵，就砍了谁的脑袋。所以大家都不敢去劝谏。

吴王的侍从中有个年轻人，他想出了一个巧妙的劝谏方法。这天，他拿着一只弹弓，在王宫后园里打鸟。吴王看见了，就问他是否打到鸟了。他回答说，鸟没有打到，但看到了一件有趣的事情。吴王便让他说一说。

这个年轻人说："我刚才看到园子里的一棵树上有只蝉，它高高地停在树上，一边悲哀地鸣叫着，一边啜饮着露水。这只蝉不知道，有只螳螂正在它背后，举着前足，准备去捉它呢。而那只螳螂也没有发现，有只黄雀跟在它后面，伸长脖子，正想吃掉它。黄雀呢，也不知道我已经用弹弓瞄准了它，马上要把它弹死。蝉、螳螂、黄雀，它们都一心只想着得到自己眼前的利益，而没有顾及身后的祸患呀。"

吴王听了他的话，恍然大悟，意识到他是在劝诫自己不要贸然出兵，以免招致后患。于是吴王便下令停止出兵。

【释义】

螳螂捕蝉，黄雀在后：比喻只图眼前利益，却不知祸害即将来临。

桃李不言，下自成蹊

西汉名将李广，勇猛善战，与匈奴交战七十多次，战功卓著，但他从不居功自傲，反而待人和气，关心士卒，深受百姓和官兵们的爱戴,被称为"飞将军"。

公元前119年,汉武帝准备对匈奴发动大规模的进攻。年已六十多岁的李广主动请缨,被任命为前将军,由大将军卫青指挥。

大军出了长城后,很快探明了匈奴主力的位置。卫青决定亲自率兵从正面进攻,他命李广带领部分军队绕道向东,在规定时间内到达预定地点,与大军会合。李广奉命行事。但由于这条路线不仅距离遥远,而且缺水少粮,行军极为困难,还容易迷路,等李广的部队赶到会合地点时,已经超过了规定时间,卫青已经击退了匈奴。

卫青派人去询问李广迟到的原因。李广对来人说:"我的部下没有过错。一切罪责都由我独自承担。"

接着,他对部下说:"这次出征,我本想与匈奴单于的军队一决高下。没想到,卫青大将军把我调开了。行军路途遥远,偏偏又迷了路,这岂非天意?我现在年岁已高,难道还要回去受那些笔墨官吏的摆布吗?"

李广悲愤不已,于是拔刀自刎。

司马迁在《史记》中,称赞李广是位受人爱戴的人,正像桃树和李树一样,虽然不会说话,但当它们开花结果时,人们就会自动前来赏花摘果,在树下踩出一条小路来。

【释义】

桃李不言,下自成蹊:比喻为人真诚,自然能感动他人。蹊：小路。

天经地义

西周时，周景王去世后，按照旧俗，王位应由正夫人所生的姬猛继承。但因周景王生前曾与大臣宾孟商议过，想立长子姬朝为世子，因此，姬朝也有资格继承王位。这样，周王室就发生了激烈的王位之争。

贵族中的单氏和刘氏合谋杀了宾孟，拥立姬猛继位。不久，姬猛病死，他们又立姬猛的通母弟弟姬匄为王，即周敬王。

但姬朝在一些王公们的支持下犯上作乱，自立为王，并将周敬王赶出了王城。周王室便出现了两个国君，互相之间攻伐不断，战乱频频。

面对国无宁日的局势，晋顷公召集各路诸侯在黑壤会盟，商讨怎样平定天下。会上，晋国的赵鞅提出"什么是礼"的问题。郑国的游吉回答道："礼就是天之经，地之义，即老天规定的原则，大地施行的正理。它是百姓行动的依据，不可更改，不容置疑。"

众人听了，纷纷表示赞同。于是赵鞅提议众诸侯应该全力支持周敬王。

后来，在晋国的带领下，各诸侯国联合出兵，帮助周敬王平定了姬朝的叛乱，结束了王位之争。

【释义】

天经地义：指绝对正确不容改变的常规正理。用来比喻理所当然、毋庸置疑的道理。经：常规。义：正理。

天涯海角

唐代著名的文学家韩愈，三岁时父母双亡。他从小就靠哥哥韩会和嫂嫂郑夫人抚养。

韩会膝下无子，韩愈的二哥韩介便将自己的儿子韩圭成过继给韩会，因韩圭成在韩氏家族排行十二，所以小名叫十二郎。十二郎年纪比韩愈略小一些。他俩从小一起生活，同甘共苦，感情十分深厚，虽为叔侄，却情同手足。

韩会四十二岁时，因宰相元载的事，被贬为韶州刺史，几个月后就病死在韶州，这时韩愈只有十一岁，十二郎也还小。韩愈的另外两个哥哥也都很早就离开了人世。因此，韩家只剩下了韩愈和他的侄子十二郎。两人从此相依为命。

韩愈十九岁时，前往京城谋求发展。因仕途不顺，二十五岁才登进士第。做官后又因触犯权贵，触怒唐宪宗而多次遭贬，四处辗转漂泊。十年的时间里，他只和十二郎见过三次面。唐穆宗继位后，韩愈的官运才开始好转。正当他打算与十二郎团聚时，却突然得知了十二郎病故的消息。

韩愈闻此噩耗，悲痛欲绝，心酸往事一一浮上心头。有感于身世、家世之悲，韩愈挥笔而就一篇感人肺腑、催人泪下的《祭十二郎文》。文中，韩愈以饱经沧桑的笔调，回忆了与十二郎的共同生活和深厚情谊，深切地表达出对十二郎的悼念，以及对人生沉浮离合的无限感叹。祭文中有"一在天之涯，一在地之角"的句子，后人便把它引申为"天涯海角"，用来比喻极其遥远的地方。

【释义】

天涯海角：天的边际，海的角落。形容极遥远偏僻的地方。

天衣无缝

唐朝有个御史名叫郭翰。他善于观察，心思细密，任何贪官污吏的违法行为都瞒不过他的眼睛。

传说盛夏的一个夜晚，郭翰躺在庭院的竹床上纳凉休息。忽然，他看到一个美丽的女子从空中翩然而下。郭翰揉着眼睛，简直不敢相信眼前看到的情景。只见这个女子身着五彩衣裙，衣袂飘飘，落到郭翰面前。

郭翰想起牛郎织女的传说，便脱口而出道："你是天上的织女吧？"

女子点点头说："我是织女。"

郭翰目不转睛地盯着织女随风飘飞的衣裙，突然，他发现织女的衣裙上没有一点缝纫的痕迹。郭翰好奇地问："你的衣裙不是用针线缝的吗？怎么连针脚都没有？"

织女回答说："我是天上的神仙。神仙身上穿的都是天衣。天衣是不需要用针线来缝的，所以就一点缝的痕迹都没有。"

说完，织女轻盈地飞起来，向空中飞去。

郭翰看着织女远去的身影，喃喃自语道："原来天衣是无缝的。"

【释义】

天衣无缝：天仙的衣裳没有衣缝。比喻诗文浑然天成，没有雕琢的痕迹，或者事物完美无缺，没有任何破绽。缝：缝隙。

同仇敌忾

春秋时，伍子胥为报楚王杀死他父亲与兄长的仇，借助吴国的军队攻破了楚国都城。楚大夫申包胥急忙向秦国求援，但秦王予以拒绝。申包胥便在秦宫中一连哭了七日七夜。秦王被他的赤诚感动，终于答应出兵援楚。秦王还作了首歌谣送给申包胥。歌中这样写道："国王兴兵出征，快把刀枪准备好，我和你共同对付仇敌。"

"同仇"一词便源于这首歌谣。

"敌忾"则出自卫国的宁俞所说的一段话。

公元前623年，卫国的宁俞出使鲁国。鲁文王在招待他的宴席上，特意命乐工演奏了《湛露》和《彤弓》两首曲子。这是周天子对诸侯进行恩赐或褒奖时所奏的宴乐。宁俞听了，却没有做出任何表示。

鲁文王对宁俞的沉默不语十分不解，便派人去询问是什么原因。

宁俞对来人说："昔日，周天子设宴款待诸侯时，席间演奏《湛露》和《彤弓》，是赞赏诸侯们把天子的仇恨当作自己的仇恨，奋勇杀敌。如今，我作为使臣来鲁国表示友好，大王却学着周天子赏赐诸侯的样子，命乐工演奏《湛露》和《彤弓》。这么高的礼遇我实在是担当不起啊。所以我只好一言不发了。"

鲁文王听了汇报后，惭愧不已，再也不这么做了。

【释义】

同仇敌忾：指大家一致痛恨敌人。同仇：共同仇恨。敌忾：对敌人的愤恨。

同甘共苦

战国时，燕国国内统治混乱，齐国乘机出兵，大败燕军。战后，燕太子姬平继承了王位，史称燕昭王。

新即位的燕昭王不知如何下手整治国内的混乱局面。他听说郭隗足智多谋，就派人把他请来。燕昭王问："你能不能为我找一个有才能的人，帮我强国复仇？"

郭隗回答道："只要您广泛选拔有本领的人，并且亲自去拜访他，那么天下的贤士就都会主动投奔到燕国来。"

燕昭王问："那我应该先去请谁好呢？"

郭隗说："就先重用我这个本领一般的人吧。天下才能高强的人若是看到连我这样的人都得到您的重用，他们一定会不计路途遥远，赶来投奔您的。"

燕昭王采纳了郭隗的建议，拜他为老师，并给他修建了华丽的住宅。

消息传开后，邹衍、乐毅、剧辛等有才能的人，纷纷从齐、魏、赵等国来到燕国。燕昭王对他们一一委以重任。

燕昭王对这些贤能之士十分器重，关怀备至，无论谁家有红白喜事他都亲自过问。他与百姓同享安乐，同担苦难，受到举国爱戴。二十八年后，燕昭王终于把国家治理得国富民强。

燕昭王觉得报仇的时机到了，就联合秦、楚、韩、魏等国，一起攻打齐国。齐国大败，燕军攻占了齐国的都城临淄，齐湣王也被迫逃走。燕昭王终于洗刷了当年被齐国打败的耻辱。

【释义】

同甘共苦：比喻同欢乐，共患难。甘：甜。

同室操戈

春秋时，郑国大夫徐吾犯有个妹妹长得非常漂亮。公孙楚和哥哥公孙黑都争着想娶她。

公孙楚抢先一步，送去了聘礼，徐吾犯替妹妹答应了婚事。等公孙黑也来提亲时,他只好婉言相拒。公孙黑威胁道:"你如果不答应,我就派人来抢走你妹妹。"

公孙家族势力强大,徐吾犯不敢得罪他们。这可怎么办呢?于是,他向子产求助。子产对他说:"公孙兄弟本应以礼相让,现在竟然争了起来。这也是郑国政治混乱的表现啊。如今唯一的办法,只有让你妹妹自己选择了。"

于是,徐吾犯请来公孙兄弟。公孙黑衣着华丽,一副贵族公子的做派,而公孙楚一身戎装,气度英武。妹妹最后选择了有男子气概的公孙楚。

但是公孙黑却不肯善罢甘休。一天,他冲进公孙楚家,想强行抢妻。公孙楚拿着兵器来驱赶他。公孙黑执意往里闯,公孙楚便用兵器击打他。兄弟俩在屋里拼斗起来。最后,公孙黑负伤而逃。

【释义】

同室操戈:自家人动刀枪。比喻兄弟自相残杀,也泛指内部斗争。同室:同住在一个房子里,这里指自家人。操:拿。戈:古代的兵器。

投笔从戎

东汉的班超,从小胸有大志。他博览群书,口才很好,善于雄辩,同时也为人孝顺,做事沉稳。

汉明帝永平五年,班超的哥哥班固奉召到洛阳任校勘书籍的校书郎。班超和母亲随同前往。由于家境贫寒,班超常常帮着抄写官府文件,赚些酬劳来贴补家用。

一天,班超抄写了很长时间后,觉得非常疲劳,就停下来,把笔猛地一扔,慨叹道:"大丈夫纵然没有其他志愿,也应当效仿傅介子、张骞,在边远异域建功立业,争取封侯,岂能总是埋头于笔墨砚台之间呢?"

旁边的人听了,都笑话他。班超激动地说:"你们这些目光短浅的家伙,怎么能够理解壮士的宏图大志呢?"

公元73年,因匈奴侵犯边境,汉明帝派大将军窦固率兵征讨匈奴。班超终于等来了一展宏图的机会。他立即投笔从戎,随军作战。由于他作战勇敢、胆略过人,得到了窦固的赏识,被提拔为将领。

后来,班超又奉命出使西域各国,为平定边境、促进西域各族与汉族的友好往来立下了不朽功劳。

【释义】

投笔从戎：指文人弃文从军。投：扔。从戎：参军。

退避三舍

春秋时，晋献公非常宠爱骊姬，他立骊姬所生的儿子奚齐为世子。晋公子重耳和夷吾被迫逃往国外。

晋献公去世后，奚齐继位，但后来被臣子里克杀害。之后，卓子继位，也被里克杀了。夷吾从梁国回到晋国，即位成为国君，史称晋惠公。晋惠公怕重耳回来夺他的王位，便派人去行刺重耳。

重耳得知消息，只得四处避难。他先后逃到齐、曹、卫等国家，却都受到国君们的轻视。后来他来到了楚国。楚成王对他十分重视，用接待诸侯的礼仪迎接他，把他奉若上宾。

一天，楚成王准备了丰盛的酒菜宴请重耳。两人把酒言欢，谈得十分投机。酒至半酣时，楚成王突然笑着问道："今天我以如此隆重的礼节接待你，如果将来你做了晋国的国君，你想怎么报答我呢？"

重耳回答道："奴隶、珍宝、丝绸、皮革等您有的是，我实在不知道怎样报答您才好。"

楚成王说："话是这么说，但你将来做了晋国国君，总能报答我的吧？"

重耳想了想说："这样吧，如果我托您的福真的能回到晋国，将来假若晋国和楚国交战，在战场上相遇时，我就退避三舍，来报答您的恩情。"

后来，重耳真的做了晋国国君，即晋文公。在一次和楚军交战时，晋文公实践了自己的承诺，下令晋军退后了九十里。

【释义】

退避三舍：主动退让九十里。比喻主动退让，不与之争。舍：古代行军以三十里为一舍。

W

亡羊补牢

战国时代，楚襄王贪图享受，不理朝政，经常与四个宠臣一起吃喝玩乐。有一天，大臣庄辛劝楚襄王说："大王您若继续和这四个人在一起玩乐，不问国事的话，楚国就要危险啦！"

楚襄王听了，很不高兴，反问道："难道你认为楚国有什么不祥的征兆吗？"

庄辛郑重地回答说："我不敢故意说楚国将发生什么不幸。但如果您还继续宠信那几个臣子，不思悔改，楚国一定会灭亡的。您既然不相信我的话，就请允许我到赵国避难，让我们看看事情究竟会怎样。"

于是庄辛离开了楚国。他在赵国才住了五个月，秦国果然派兵侵楚，攻破了楚国的都城郢城。楚襄王被迫逃离国都。他这时才想起当时庄辛的劝告，于是赶紧派人把庄辛召回。

楚襄王急切地问庄辛："我没有听从先生的劝告，才落到了这个地步。请问先生，现在该怎么办呢？"

庄辛回答："俗话说，看见兔子再去唤猎犬，还不算晚；羊跑掉了才补羊圈，也还不迟。您以前只知享乐，以致被秦军打得一败涂地。如今醒悟还来得及。如果再执迷不悟，那可就真的要亡国了。"

楚襄王如梦初醒。后来他采用了庄辛的计谋，收复了失地。

【释义】

亡羊补牢：比喻事情出了差错，及时设法补救，以免再受损失。亡：丢失。牢：关牲口的圈。

望梅止渴

曹操是三国时著名的政治家、军事家，他足智多谋。

一次，曹操率军出征。行军半日，时值酷夏正午，负重行走的将士们在烈日的蒸烤下，汗流浃背、口干舌燥，一个个疲惫不堪。队伍前进的速度越来越慢。曹操见状，便命人四处寻找水源，为士兵解渴。但他们所经之地是一片荒野，没有河流湖泊，根本找不到水源。

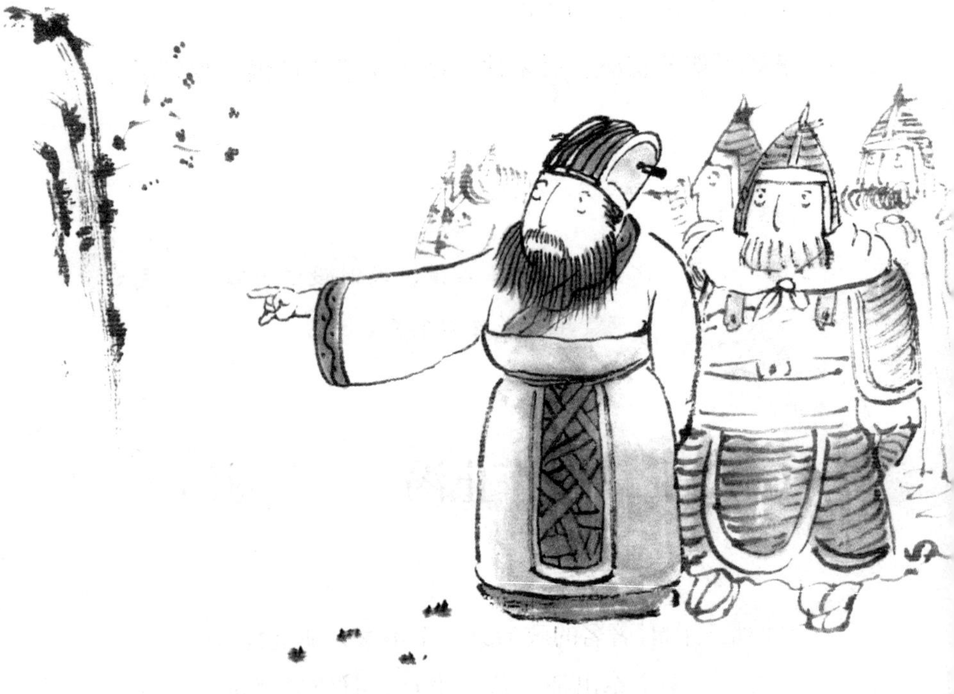

眼见士兵们嘴唇干裂，干渴难耐，曹操不由得焦急万分。倘若再拖延下去，必将军心不稳。曹操紧锁眉头，沉思起来。忽然，他计上心来。于是，他勒马跃上一个高坡，对全军将士高声说道："前面有一大片梅林，现在正是梅子成熟的季节，甘酸的梅子可以解渴。我们快到梅林去吧。"

听到曹操的一番话，想到酸甜多汁的梅子，将士们的嘴里不由得沁出了口水，一下子就缓解了焦渴的感觉。大家振作精神，加快了行军速度。过了不久，队伍终于走出了这片缺水之地，找到了水源。

【释义】

望梅止渴：原意是梅子酸，人想到吃梅子就会流口水，因而止渴。后比喻凭借空想来安慰自己或别人。

望洋兴叹

先秦思想家庄子讲过这样一个关于河伯的故事：

秋季来临时，雨水充沛，千条万支的小河流汩汩流淌，都汇聚到黄河里。黄河的水涨得满满的，河面变得开阔起来。在河心的沙洲上向岸边看，都分辨不清牛和马了。

河神河伯看着辽阔的水面，又高兴又得意，以为天下壮美的景色，都尽在自己面前了。他顺着浩荡的河水向东行去，一直到了北海边。他向东望去，只见天水相连，茫茫一片，看不到海的尽头。

于是河伯转过脸来，面对海洋，慨叹地对海神说："俗语有一种说法，多懂了些道理，就以为天下没有能超过自己的了。说的就是我这种人啊。我曾经听说有的人自以为是，认为孔子的见闻比他还少，甚至连德行至高的伯夷也不如他。原先我还不相信，现在我亲眼见到了您的广阔无边，不得不信。要不是来到您的门前，我怕就危险了，如果那样，我将长久地被那些有学识有修养的人耻笑。"

海神对河伯说："对井底之蛙讲海洋的浩瀚，它是无法相信的，这是因为它常年住在井底；告诉夏天的虫子水在冬天会结冰，它也没法想象，因为它只能在夏天生存，活不到冬天；如果对没有学问的人讲玄奥的道理，他们是无法理解的，因为他们受到自己学识的限制。现在你走出了河岸，看到了大海，明白了自己的不足，那我就可以给你讲一些大道理了。天下的水，没有比海更大的。我们存在于世上，犹如小石头、小树存在于大山之中。我们是那么的渺小，怎么能自认为很了不起呢？天地间无穷无尽的东西还多着呢。"

【释义】

望洋兴叹：仰望海神发出叹息。原指看到人家的伟大，才感到自己的渺小。现在比喻做事力量不够或条件不充分，因而感到无可奈何。望洋：仰视的样子。

危如累卵

春秋时代，晋灵公贪图享乐，强征劳役，耗费大量钱财，想要派人造一座九层高的琼台。他怕臣子们会来劝阻，就下令说："谁也不准进谏，违者斩！"

大臣苟息知道这件事后，前来求见。晋灵公命武士弯弓搭箭，只要苟息开口劝谏，就立刻把他射死。苟息明知形势紧张，但见到晋灵公后，他故作轻松地说："我今天来拜见大王，并不敢规劝您什么，只是来给您表演一个小技艺。我能够把十二颗棋子叠放起来，再在上面垒九个鸡蛋而不会倒塌。"

晋灵公一听很感兴趣，便下令撤了弓箭，叫苟息表演。苟息屏气凝神，先把十二颗棋子垒起来，再把鸡蛋一个个地加上去。晋灵公见了，紧张地在一旁叫着："危险！危险！"

苟息却慢条斯理说："这算什么危险，还有比这更危险的呢！"晋灵公好奇地问他，更危险的是什么。苟息这才神色郑重地说："大王，您耗费大量人力物力建造九层高的琼台，弄得国内已经没有男人耕地了，国库也已空虚。此时一旦外敌入侵，国家危在旦夕，难道不更危险吗？"

晋灵公顿时醒悟过来，立刻下令停止建造琼台的工程。

【释义】

危如累卵：危险得像垒起来的蛋一样，极易滚下打破。比喻情势极其危险。累：垒。卵：蛋。

唯命是听

公元前597年，楚庄王出兵伐郑，楚军所向披靡，迅速攻破了郑国的都城。值此危难时刻，郑国国君郑襄公披头散发，裸露上身，形如囚犯般，手里牵着一只羊来见楚庄王。

郑襄公向楚庄王谢罪求饶道："我没有得到上天的佑护，也没有侍奉好贵国，得罪了大王，使您亲自率兵来到我这粗鄙不堪的地方。这都是我的罪过啊。现在，只要大王您一声令下，我哪敢不听从呢？您即便是把我俘虏到江南，流放到海边，我也一概听从，决不违抗。您要灭了郑国,把郑国的土地分封给诸侯,让郑国的男子为仆,女子为婢,我也都听从您的命令。倘若您能顾及两国以往的交情,不灭亡郑国,让郑国做您的属国服侍您,那么就是您对郑国的恩惠,也是我的心愿。"

楚庄王看到郑襄公这么一副可怜巴巴的样子,就命楚军撤出了郑国的都城。两国又订立了盟约。

【释义】

唯命是听:只要有命令就听从。形容绝对服从。唯:只有,唯独。命:命令。

尾大不掉

春秋时,楚国在城、蔡、不羹三地建城。楚灵王有意封自己的弟弟弃疾为蔡公。为此,他向申无宇征询意见:"让弃疾去蔡地,怎么样?"

申无宇回答说:"选择儿子没有比父亲更合适的,选择臣子没有比国君更合适的。郑庄公在栎地建城,封给子元,结果使昭公未能立为国君;而齐桓公在谷地筑城安置了管仲,至今还依赖他。臣听说,五种大人物不应在边境,五种小人物不应在朝廷;亲近的人不应在外面,寄居的人不应在里面。现在弃疾在外边，郑丹在里面，大王您应该稍加戒备。"

楚灵王说："国家有大城市，你看怎么样？"

申无宇答道："在郑国的京、栎杀曼伯，在宋国的萧、亳杀子游，在齐国的渠丘杀无知，在卫国的蒲、戚赶走了献公。照这么看来，国家有大城市是有害的。树枝大了，必定折断，尾巴大了，就不容易摇动。这是君王所知道的。"

楚灵王没有听从申无宇的意见，还是封弃疾为蔡公。结果后来弃疾趁楚灵王率兵征伐徐国之际，杀死了楚灵王的儿子，立子午为国君。楚灵王得知儿子被杀的消息后，上吊自杀。弃疾听说楚灵王死了，就逼死了子午，自立为王。

【释义】

尾大不掉：尾巴太大，不易摇动。比喻部下势力强大，不易指挥调度。也比喻机构庞大、涣散，以致指挥不灵。掉：摇动。

为虎作伥

传说很久以前，有一只凶残的老虎。因为林中的动物都被它吃光了,它便守在林中的路上,想抓人吃。

一天,它看到有个人路过这里,就扑上去,咬死了他,把他吃掉了。

这个人死后变成了伥鬼。老虎抓住伥鬼不放,对他说:"你必须给我找一个人来吃,我才放你去投胎。"

伥鬼点头同意了。他四处去寻找目标。发现有人来了,他就设法把那人骗进林子里,带到守候在那里的老虎面前。伥鬼为了讨好老虎,居然主动上前,动手脱掉那人的衣服,让老虎吃起来更方便。

老虎对这样的合作非常满意,因此它不肯放伥鬼走。伥鬼只好继续做帮助老虎吃人的勾当。

【释义】

为虎作伥:比喻做恶人的帮凶,帮助恶人做坏事。

无可厚非

公元9年,王莽篡权。王莽建立新朝后,改变了原来西汉的边境政策。他将已被封王的少数民族首领句町王设计杀害。为此,益州郡许多地方起兵反对朝廷。

王莽得知消息,便派将招募部队,并向沿途州县征收重税充作军饷，前去镇压。战争持续了三年，动乱还是没有被平息。百姓苦不堪言。有个叫冯英的太守拒绝提供粮饷，并向王莽上书，请求结束征战，不要再让百姓受征调之苦。

王莽见书大怒，立刻下诏罢免冯英的官职。但事后他又担心这么做会引起当地百姓的不满，就又假意对身边的人说："其实也不能过分责难冯英的行为。"后来，冯英的官职总算保住了，但他还是被调到其他地方去了。

【释义】

无可厚非：不可过分指责或否定，表示虽有缺点，但是可以原谅。厚：深重。非：非议，否定。

X

先发制人

秦朝末年，因不满秦二世的暴政，陈胜、吴广在大泽乡起义，各地纷纷响应。会稽郡的郡守殷通也想起兵，因为觉得势单力薄，他就请来很有名望的项梁，向他请教道："对于起兵反秦，先生有什么看法？"

项梁回答："现在大江以西的人都起来反对秦王的暴政，可见秦朝气数已尽。在这种情况下，先动手的人就可以控制别人，后动手的人则会受制于人。"

殷通说："先生家世世代代都是楚国大将，起兵的事情只有靠先生了。"

项梁心想，我可不愿做你的部属。于是，他就对站在殷通身边的侄儿项羽使了个眼色。项羽立刻拔出剑来，斩下了殷通的头。

然后，项梁和项羽提着殷通的头，杀进郡府，官吏们见势不妙，就都归顺了他们。项梁便宣布自己任会稽郡守。此后，他们开始召集人马，攻打下属各县，发展自己的势力。

【释义】

先发制人：争取主动，先动手来制服对方。发：开始行动。制：控制，制服。

先入为主

汉哀帝在位时，非常宠信董贤、孙宠、息夫躬这三个人。汉哀帝准备下诏书封他们为侯，丞相王嘉劝阻道："董贤的权势过大，孙宠和息夫躬又是奸佞之臣，恐怕日后会生祸患，危害朝廷，所以不可封给他们侯位。"但汉哀帝听不进王嘉的谏言，执意下诏给他们三个封了侯。

董贤的权势越来越大，地位越来越高，息夫躬心里十分嫉恨，便想设计取而代之。息夫躬事先派人通知匈奴单于，今年不用来朝见天子。单于听信了他的话，便没有动身。然后，息夫躬又在汉哀帝面前进谗言："今年匈奴单于借口生病，没有来朝见天子，其中必有变故，恐怕是想领兵侵犯边境。陛下应尽快想出退兵之计。"

汉哀帝便召集群臣商议。大臣们都纷纷劝汉哀帝不要轻信息夫躬的话。王嘉说："天子应当推行诚实、施行善举，百姓才能安居乐业。息夫躬分明是捏造谎言，想借天子出兵之机图谋不轨。希望陛下能吸取古代的教训，借鉴前人的经验，切不可因为先听到息夫躬的话，就信以为真，再也听不进其他的意见。"

汉哀帝还是被息夫躬的话蒙蔽了，坚持要派兵，后来董贤也出面反对，这才没有出征。不久，息夫躬的阴谋败露，谎言被揭穿了。汉哀帝下令将其投入大牢，息夫躬最后死在狱中。

【释义】

先入为主：以先听到的话或原先的印象为主，不再接受其他意见。

项庄舞剑，意在沛公

秦末，楚汉相争，项羽与刘邦约定，先攻入咸阳者，封为关中王。项羽率军一路拼杀，攻到关中的门户函谷关时，听说刘邦已率先攻下了咸阳，不由得大惊，急忙攻下函谷关，亲率四十万大军进入关中，驻扎在咸阳附近的鸿门。此时的刘邦有十万人马，驻扎在灞上。两军只相距四十里。

谋士范增对项羽说:"沛公在山东时,贪财好色。但这回进了关中后,既没索取财物,也不亲近妇女,说明他志在夺取天下。您应抓紧时机除掉他。"

项羽的叔父项伯,与刘邦手下的大将张良交情很好,得知项羽要对刘邦用兵的消息后,就连夜骑马赶到刘邦军中,私下告诉了张良,劝他逃命。张良不肯弃刘邦而去,就把这个消息告诉了刘邦。刘邦马上约见了项伯,以兄长之礼待他,还与他定下了儿女亲家。项伯答应刘邦在项羽面前为他说情。

项伯回去后,为刘邦说了很多好话,使项羽打消了进攻刘邦的念头。第二天,刘邦亲自来向项羽谢罪。项羽设宴款待。筵席上,范增多次给项羽使眼色,还三次举起自己所佩带的玉玦,暗示项羽当机立断杀死刘邦,但项羽始终不予理会。范增就出了军帐召来了项羽的堂兄项庄,对他说:"君王心肠太软,不忍下手。你马上进去敬酒祝寿,然后请求舞剑助兴,趁机杀死刘邦。否则你们这些人以后都要被他俘虏!"

项庄依计行事,进去敬酒祝寿后,说:"君王和沛公饮酒,这军营里没有什么娱乐,就让我来舞剑助兴吧。"项羽应允。项庄就拔出剑来,开始挥舞。此时,项伯也拔出了剑,挥舞起来,他还不时用自己的身体来掩护刘邦,使得项庄始终没有机会对刘邦下手。

张良看到形势危急,就出去对刘邦的大将樊哙说:"现在项庄舞剑,用意是要杀死沛公。"

樊哙一听,立即拿着武器闯入帐中,怒斥项羽。项羽无以应对。刘邦借机走出营帐,在张良、樊哙的保护下,不辞而别,安全地回到自己的军营。

范增为此懊恼地说:"唉!项伯那些无知小子,不能与他们共谋大事。夺取项王天下的人,一定是沛公。我们这些人就要被他俘虏了!"

【释义】

项庄舞剑,意在沛公:项庄席间舞剑,企图刺杀刘邦。比喻说话和行动的真实意图别有所指。

胸有成竹

文同,字与可,宋朝人。他擅长绘画,尤其喜欢画竹。在他的住处,种植了许多竹子。他每日认真观察竹子的形态,春夏秋冬,晨昏阴晴,风霜雪雾,不同时节、不同天气条件下,竹子的各种细微变化他都悉心揣摩。天长日久,文同对竹子的千变万化都了然于心,几乎闭着眼睛都能准确地画出竹子的形态。他所画的竹子神形兼备,栩栩如生，为世人称道。

一天，好友晁补之来探访文同，二人一起饮酒赏竹。文同兴之所至，提笔作画，顷刻间，一幅逼真灵动的竹图便呈现在眼前。晁补之被他作画的情景打动，便赋诗一首。诗中有一句："与可画竹时，胸中有成竹。"

后来苏轼在《文与可画筼筜谷偃竹记》一文中这样写道："画竹子，必须先在胸中有竹子的形象。拿起笔来时，胸中之竹似乎就在眼前，然后即刻下笔将眼前所见画下来。"

【释义】

胸有成竹：原指画竹子要在心中有竹子的形象。比喻做事之前已经有通盘的考虑。

休戚相关

春秋时，晋悼公周子年轻时因受晋厉公排挤，被迫客居在周地洛阳。

周王的大夫单襄公十分器重周子，便将他请到家里，待若上宾。

周子少年老成，举止沉稳。他站立时，稳重而不轻浮；读书时，全神贯注、目不斜视；与人交谈时，态度恭敬、彬彬有礼。每当听说晋国有什么灾难，他就表现得忧心忡忡；听到晋国有什么好消息，他就欣喜不已。

单襄公为此更加关心周子，认为他一定能成大器。单襄公临终时对自己的儿子单顷公说："周子的喜怒哀乐随晋国的命运变化，说明他心里装着自己的国家。他将来很有可能回到晋国，做个英明的国君。你以后一定要好好照顾他。"

单顷公依照父亲的话，更加善待周子。不久，晋国内乱，晋厉公被杀。晋国大夫便来洛阳迎回周子，让他即位成为国君。

【释义】

休戚相关：彼此之间的喜怒哀乐、祸患幸福都联系在一起，形容彼此间关系密切，利害一致。休：喜悦。戚：忧愁、悲伤。

悬梁刺股

孙敬，字文宝，汉朝人。孙敬勤奋好学，酷爱读书，从早到晚，手不释卷。晚上读书时，为了不至于疲倦困乏得睡着，他用绳子系着头发，吊在房梁上。一旦困倦了，低下头去打瞌睡时，悬在梁上的头发就会被拉紧，将他扯醒，他又接着苦读。经过多年孜孜不倦地学习，孙敬最终成为博学的贤士。

战国时期的谋士苏秦，曾拜鬼谷先生为师，学得了一套治国平天下的理论。他想以此施展宏图，便去秦国献策。但秦王不肯采纳他的治国策略。苏秦败兴而归。从此苏秦更加发愤读书。每当读至深夜，昏昏欲睡时，他就用锥子扎自己的大腿，直扎得鲜血流到足踝，使自己清醒为止。最终，苏秦以满腹的韬略、雄辩的口才，说服了六国合纵抗秦。

【释义】

悬梁刺股：形容刻苦好学。

Y

睚眦必报

范雎是魏国人，字叔。他虽有雄才大略，但因家中贫困，只得先委身为魏国中大夫须贾的门客。

魏昭王派须贾出使齐国，范雎跟随一同前往。齐襄王听说范雎能说会道，便赏赐了他许多财物。尽管范雎都推辞掉了，但须贾却以为范雎与齐襄王另有私交，且泄露了魏国的机密，于是就把此事告诉了相国魏齐。魏齐令人严刑拷打范雎，还把他用席子裹起来，扔在厕所里。酒醉的宾客把小便都撒在了范雎的身上。后来，范雎请求看守偷偷把他放了。然后他把自己的名字改为张禄，通过秦国使者的帮助，来到了秦国。范雎帮助秦王对内巩固政权，对外扩张势力，其才能深得秦王赏识，官职逐渐提升，最后做了丞相，被封为侯。

身居高位的范雎恩怨分明，给他一顿饭吃的小恩他也会酬谢，而即便是向他瞪一瞪眼的小怨恨他也会报复。他向秦王推荐了曾帮助他的王稽、郑安平等人，使他们分别被任命为郡守大臣和大将军。他还拿出财物，尽力帮助其他曾经帮助过他的人。

有一次，魏国派须贾出使秦国。范雎知道后，便换上一件破衣服来见须贾。因范雎已经改名换姓，所以须贾并不知道他就是秦相张禄。见到范雎落魄的模样，须贾十分同情，就留他吃饭，还赠给他一件袍子。范雎借口可以帮须贾引见秦相张禄，将须贾带到相府。

等须贾见到范雎换上华丽的衣服，高坐在帷帐之中时，才明白范雎就是张禄。他连忙跪地请罪。范雎对他说："你共有三条罪行：在魏齐面前诽谤我；不制止魏齐对我的侮辱；酒醉后往我身上撒尿。但是你能够送我一件袍子，证明你对我还有情义，可免于一死！"

随后范雎大摆宴席，请来各国使者。须贾被安排在堂下角落里，面前只有一盆喂马的料豆，左右两名受过黥刑的囚徒夹着他，强行地喂他。范雎大声地对他说："回去后替我告诉魏王，快将魏齐的首级送来，否则，我会血洗大梁城！"

须贾回去后，如实转述了范雎的话。魏齐听了非常恐惧，被迫四处逃亡，最后走投无路，只得自杀。

【释义】

睚眦必报：指极小的仇恨也要报复。睚眦：发怒时瞪眼睛，借指极小的仇恨。

揠苗助长

宋国有位农夫，一天到晚担心自己田里的秧苗长得太慢。一天，他想了个办法，把田里的秧苗一棵棵全都往上拔高，一直忙到太阳落山才精疲力竭地回家。

一进门，他高兴地对家里人说："今天我可真是累坏了，但我总算是帮秧苗长高了。"他儿子一听这话，急坏了，赶紧跑到田里去看，只见那些秧苗已经全部枯死了。

【释义】

揠苗助长：把苗拔起，以助其生长。比喻违反客观规律，急于求成，反而将事情弄糟。揠：拔。

叶公好龙

春秋时，鲁襄公以喜欢读书人闻名，有个叫子张的人慕名前去拜见。但他一等就是七天，鲁襄公都没有安排接见他。

子张便托人转告鲁襄公一个"叶公好龙"的故事:

传说楚国有个叫叶公的人,他非常喜欢龙。他屋子的墙上、梁上、门窗上都雕刻着龙,他所穿的衣物、所用的杯盘等生活用品上都有龙的图案。在他家里,几乎处处有龙。叶公的这一爱好远近闻名。

天上的真龙听说叶公这么喜欢龙,十分感动,就决定亲自去看看他。这天,真龙飞到叶公家,把头伸进窗户,尾巴垂在大厅里。

叶公见到真龙,顿时魂飞魄散,惊慌失措地逃走了。原来,叶公并不是真的喜欢龙,他喜欢的只是画出来或者雕出来的假龙而已。

子张讲完故事,最后又补充说:"我听说大王喜欢结交读书人,但这次我不远千里地前来拜见,大王却不以礼相见。看起来,大王也并不是真正喜欢读书人,而不过是喜欢那些貌似读书人的人罢了。"

【释义】

叶公好龙:比喻表面上似乎爱好某种事物,实际上并不是真正爱好。好:喜欢。

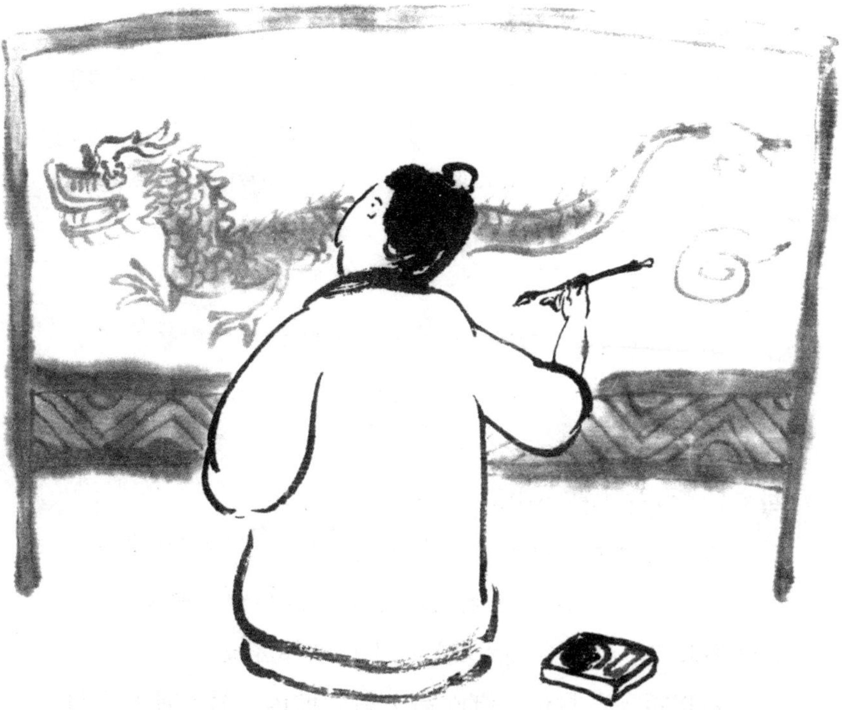

一败涂地

秦朝时，奉沛县县令下令，派泗水亭长刘邦押送一批劳工去骊山。走到半路，这些人已接二连三地逃走了很多。刘邦想，照这么下去，不等到骊山，人就都逃光了，自己肯定要被治罪。一不做二不休，他干脆把没有逃跑的劳工也都释放了，自己则和一些不想逃的人躲在芒、阳两县交界的山泽中。

秦二世元年，陈涉在大泽乡起兵反秦，自称楚王。沛县县令有心归附。他的部属萧何和曹参建议说："你是秦朝县令，现在背叛秦朝，恐怕有些人会不服，不如把刘邦召回来，来挟制那些不服的人。"

沛县县令依计行事，派人去请刘邦。可等刘邦带领手下回来时，沛县县令见他人多势众，担心他不服从指挥，就懊悔起来。他下令关闭城门，不让刘邦进城。

刘邦写了一封信，绑在箭上射到城内，号召沛县百姓齐心杀了县令，共同抗秦。百姓们果真杀了县令，打开城门，迎接刘邦进城，并请他做县令。

刘邦推辞说："天下形势严峻，假若县令的人选安排不妥，就会一败涂地，你们还是选择别人吧！"

大家再三恳请。刘邦最终还是当了县令，称作沛公。

【释义】

一败涂地：形容彻底失败不可收拾。

一鸣惊人

战国时，刚即位的齐威王每日饮酒作乐，不理国事。许多大臣也跟着花天酒地，胡作非为，以致朝政混乱，国势衰微。其他诸侯国趁机来犯，夺取了很多城池。齐国面临着亡国的危险。

见此严峻的局势，一些忠臣想要劝谏齐威王，但又忌惮国君被触怒，反而招致杀身之祸。有个叫淳于髡的小官吏，其貌不扬，但幽默善辩。一天，他对齐威王说："臣最近听说了一件奇怪的事，不明究竟，所以特地来向大王请教。"

齐威王一听，很有兴致，就说："你说来听听。"

淳于髡说："有一只大鸟在王宫里的树上已经栖息了三年了，既不飞也不叫，您知道这是什么鸟吗？"

齐威王听出了淳于髡的弦外之音，知道他是把自己比作大鸟，在委婉地批评自己呢。于是便说："这只鸟不飞则已，一飞冲天；不鸣则已，一鸣惊人。"

后来，齐威王奋发图强，整顿朝纲，收复了失地。齐国重新强盛起来。

【释义】

一鸣惊人：比喻平时没有特殊的表现，一干就有惊人的成绩。

一木难支

南北朝（刘）宋顺帝的时候，萧道成把持政权，杀害忠良，横行恣肆，妄图篡夺王位。当时的大臣袁粲和刘东两人，密谋要杀死萧道成，但事情不慎泄露了，萧道成大怒，立刻派部将戴僧静率领了很多人马去攻打袁粲，把城池团团围住。

这时，袁粲对他的儿子袁最说："我明知道一根木头不能支持一座将倒的大厦，但为了名节，不得不死守下去。"

后来，戴僧静率领部下翻越城墙，冲进城里去。面对敌人的刀枪，袁最勇敢地用身体掩护父亲。袁粲对他的儿子袁最说："我是个忠臣，你是个孝子，我们死而无愧。"

结果他们父子俩都为正义而牺牲了。

【释义】

一木难支：一根木头不能支撑将倒的大厦。用来形容事情到了艰难危急的时候，并不是一个人或少数人的力量所能挽救的。

一诺千金

秦末，楚地有个叫季布的人，为人侠义，重信守诺，只要他答应的事情，无论有多大困难，他都会想方设法做到，因此美名远播。

秦朝灭亡后，刘邦当了皇帝。他想起楚汉相争时，任项羽部下的季布曾几次出谋划策，打败了自己的军队，因此十分气恨，下令缉拿季布。

季布乔装出逃。很多敬慕他的人，都暗中帮助他躲避追捕。后来，刘邦在汝阴侯夏侯婴的劝说下，撤销了对季布的通缉，还封他做了官。

季布有个同乡，名叫曹邱生，是个趋炎附势的人。听说季布做了大官，便上门求见。季布因为瞧不起他的为人，就板着脸，态度十分冷淡。曹邱生却不管季布的脸色多么难看，照样殷勤地作揖行礼，叙旧套交情。他吹捧季布说："我听说楚地流传着这样一个说法：'得黄金百斤，不如得季布一诺'。可见你的名声多么好。我是你的同乡，你怎么会不愿见我呢？"

季布听了这番话，心里很受用，就对曹邱生热情起来，不仅留他住下，待若贵宾，临走时，还送给他厚礼。

【释义】

一诺千金：形容诺言的信用极高。诺：许诺。

一钱不值

灌夫，字仲孺，西汉人。他心直口快，讲究信义，而且不畏权势。他对比他地位高的官员常冷嘲热讽，反而对贫贱之士很敬重。

灌夫爱饮酒，常因为喝醉了而口无遮拦。有一天，丞相田蚡办喜事，众官都去赴宴。灌夫喝了不少酒，又开始不受约束了。他走到田蚡的面前，敬上满满一杯酒。

田蚡拒绝说："我喝不了一满杯。"

灌夫便不客气地说："你虽是一个贵人，但也应该把我敬的这杯酒喝完。"但田蚡还是没有干杯。灌夫觉得无趣，就又给临汝侯灌贤敬酒。而这时，灌贤正和另一个大臣程不识附耳交谈，没有理会灌夫。

灌夫心里本来就窝了火，看见这情形，忍无可忍，当即骂灌贤道："我一向就说程不识不值一钱，今天你竟然和他像妇人一样在这儿咬耳根子！"

在座的人都被灌夫的大胆言行惊呆了。

从此，人们对别人有轻视鄙弃的意思，要说这人一无长处，或是一无是处，就说"一钱不值"或"不值一钱"。

【释义】

一钱不值：一个铜钱都不值。比喻毫无用处，一点价值都没有。

一丘之貉

西汉的杨恽是史学家司马迁的外孙，自幼受到良好的教养，未成年时就已成名。汉宣帝时，年轻的杨恽就被任命为左曹，掌管百官上书等事务。

有一年，大将军霍禹有意谋反，杨恽得到消息，及时报告了汉宣帝。汉宣帝惩治了霍禹，杨恽则因通报有功而升官，被封为平通侯。

当时朝廷中贿赂之风盛行，杨恽做了中山郎后，革除弊病，清正廉洁，深受朝廷上下称赞。

但时间一久，少年得志的杨恽逐渐产生了骄傲自满的情绪，私下里经常随意褒贬时政，结果得罪了不少大臣，甚至与皇帝最信任的太仆戴长乐发生了矛盾。

有一次，戴长乐上书汉宣帝揭发杨恽的罪过。上书中说，杨恽在听说匈奴单于被杀的消息后，曾议论道："一个无能的君主，大臣给他拟好了治国的策略，他却不肯用，白白送了自己的性命。秦二世也是如此，专门信任小人，杀害忠良，结果落了个亡国的下场。从古至今的君王都是信任小人的，就像同一座山丘出产的貉一样，毫无差别呀！"

汉宣王下令调查，查明果有此事，一怒之下将杨恽贬为平民。被罢了官的杨恽并没有吸取教训，仍然有对朝廷不满的言行。汉宣帝最终下令将杨恽处死。

【释义】

一丘之貉：原比喻都是同类，没有差别。现在多用来比喻都是一样的坏人。丘：小土山。貉：一种形似狐狸的野兽。

一网打尽

晋公子夷吾和公子重耳是两兄弟。夷吾在秦国和齐国的帮助下，登上王位，成为晋惠公。

可是晋惠公的大臣分作两派，明里拥护晋惠公的一派以却茅和吕省为首，暗里拥护重耳的一派以里克和丕郑为首。可是这班人对晋惠公个人来说都是有功的。当丕郑到秦国去公干的时候，晋惠公借故杀了里克。丕郑回来后，心里很恐惧，生怕自己也会被晋惠公杀掉。可是事情没什么对他不利的，他就安心下来。当然，他心里很恨晋惠公，便暗地里召集同党，商量赶走夷吾，迎公子重耳登位。

有一天，屠岸夷要来见丕郑。他从午间等到深夜，才见着丕郑。丕郑问他有什么事情，屠岸夷告诉他，晋惠公要杀自己，所以请丕郑相救。

丕郑说："你去叫吕省救你吧！"

屠岸夷说："吕省不是好人，我正要喝他的血，吃他的肉呢！"

丕郑不大相信他的话。屠岸夷又献上了推翻晋惠公的办法。丕郑听了，大声喝道："是谁叫你来说的！"

屠岸夷见他仍然不信，只好咬破了指头，鲜血直流，对天发誓说:"天老爷在上,我如有三心二意,叫我全家都死光。"

这么一来,丕郑就打消了疑虑,让屠岸夷参加了密谋。他们写了一封信给公子重耳,请他准备回来。丕郑、共华、屠岸夷等十位大臣都签了字。屠岸夷把信放入衣服里贴胸的位置,带走了。

第二天,他们上朝,晋惠公问丕郑说:"你们为什么要迎公子重耳回国?"

丕郑这一班人都大吃一惊,才明白被骗。这九位反对晋惠公的大臣都被砍了头,被一网打尽了。

【释义】

一网打尽:比喻全部抓住或消灭,一个也不漏掉。

一叶障目

楚国有个书生,家境贫寒,他很想找到一条发财的门路。

他在一本书上看到一种说法:"如果谁能得到螳螂捕蝉时遮身的那片树叶,别人就看不见他了。"他就信以为真,成天在树下抬头望着。

终于，他看到一只螳螂正躲在一片树叶后面，准备捕捉蝉。他连忙把那片树叶摘了下来。没想到，一不小心，那片树叶掉到地上，混在很多落叶里，再也辨认不出来了。他只好把所有的树叶都收集到家里来，一片一片地试。

他每拿起一片叶子，就用它遮住自己的眼睛，问妻子："你看得见我吗？"妻子只好一遍遍地回答说："看得见！"后来，妻子被他问得厌烦了，就随口答了一声："看不见！"他欣喜若狂，马上带着这片树叶出去了。他用树叶挡着眼睛，以为别人看不见他，当着别人的面拿人家的东西，结果被当作贼扭送到衙门里。

经过审问，县官明白了事情的原委，不由得忍住笑，说："你真是一叶障目，不见泰山呀！"

【释义】

一叶障目：比喻为局部的、暂时的现象所迷惑，不能认清全面或根本的问题。

一字千金

战国末期，秦国的大商人吕不韦在赵国经商时，曾资助过当时在赵国做人质的秦庄襄王，而且把自己的妾赵姬送给庄襄王为妻。待庄襄王继位后，便封吕不韦为文信侯，官居相国。

庄襄王病逝后，赵姬所生的十三岁的儿子嬴政接任王位，他便是后来的秦始皇。吕不韦被嬴政尊为仲父，掌握了行政大权。

当时吕不韦招纳天下学者名士，供养了三千门客，为他巩固政权出谋划策。这些门客把各自的见解和心得都以书面的形式写出来，吕不韦组织他们把这些文章汇集起来，编成一部二十多万字的著作，名为《吕氏春秋》。书中内容通古贯今，包罗万象。

书编好后，吕不韦把它当作秦国统一天下的经典。为了让天下人信服《吕氏春秋》，吕不韦命人把这部书在秦国首都咸阳公布，并且悬赏说，如果有人能指出书中不足，增加一字或删减一字，就赏赐千金。消息传出，前来观看的人成千上万，却始终无人能改动一字，领取千金之赏。

后人根据这个故事，引申出成语"一字千金"。

【释义】

一字千金：用来形容文辞精妙，字字珠玑，不可更改。

以卵投石

墨子是战国初期的思想家，墨家学派的创始人。有一年，他前往北方的齐国去宣传自己的学说。

途中，墨子遇见了一个叫"日"的人。

日对墨子说："你不能往北方去啊。天帝正在北面杀黑龙。你的皮肤这么黑，去北方会招致灾祸。"

墨子不相信他的话，继续朝北走。但因北方的淄水泛滥，无法渡河，墨子只得返回来。

日见到墨子，得意地说："怎么样，果然遇到麻烦了吧？"

墨子微微一笑，答道："淄水泛滥，阻隔了南北方的交通。过河的人中既有皮肤黑的，也有皮肤白的，怎么都渡不了河呢？倘若天帝在东方杀青龙，在南方杀赤龙，在西方杀白龙，再在中央杀黄龙，那岂不是天下的人都不敢行动了？所以，你的谣言是战胜不了我的道理的。就好像拿鸡蛋去碰石头，哪怕天下的鸡蛋全都碰光了，石头还是不会有毁损的。"

日听了墨子的驳斥，羞愧地走了。

【释义】

以卵投石：拿蛋去掷石头。比喻不自量力，自取灭亡。

异军突起

秦朝末年，陈胜、吴广在大泽乡率先起义后，各地纷纷揭竿而起。东阳县的一帮年轻人也趁机杀了县令，宣布起义。大家一致推选一位叫陈婴的狱吏做首领。

因为陈婴平素很有威信，所以百姓闻讯后都竞相前来投军，起义军很快就扩展到两万多人。士兵们一律用青色头巾包裹着头部，以显示他们是一支新起的、独树一帜、与众不同的队伍。

大家都想拥戴陈婴为王。陈婴的母亲为此十分担忧，她对陈婴说："你家祖先从未有什么地位高贵的人，如今你的名声一下子这么大，这不是什么好兆头。你不如率领队伍归顺别人。将来如果起义成功，你还可能被封侯，万一失败了，也不会落得责怪。"

陈婴听从了母亲的意见，拒绝称王。刚好楚将项燕之子项梁率兵过江，陈婴便率领部下归顺了项梁。

【释义】

异军突起：指与众不同的新力量或新派别突然出现。异军：另一支军队。

因势利导

战国时，魏、赵两国联合进攻韩国。韩国向齐国求救。齐王便派田忌率兵前去援助。齐军直逼魏国都城大梁。魏国将军庞涓得知都城告急，即刻从韩国撤军，赶往大梁。

田忌向军师孙膑询问用兵之策。孙膑说："魏军一向轻视齐国，认为齐军胆小怯懦。善于作战的将领，应该顺应事情的趋势而加以引导，来消灭敌人。您不妨命令军队，第一天砌十万军士做饭用的炉灶，第二天减少一半，第三天就只留下三万人做饭的炉灶。这样可以让魏军误以为我们的军队正在一天天减少，他们就会产生轻敌的情绪。到时候我们再设法攻击他们。"

田忌采纳了这个计策。庞涓果然中计，以为齐军兵力已经锐减，他便抛下步兵，只率领一队骑兵，马不停蹄地追击齐军。

孙膑在地势险要的马陵设下埋伏，并叫士兵在路边一棵大树上写上：庞涓死于此树下。

当晚，庞涓率兵赶到马陵，他见路边树上有字，便命士兵点火照明，以看究竟。火光一亮，齐军万箭齐发。魏军死伤无数。庞涓见大势已去，只得拔剑自刎。

【释义】

因势利导：表示要顺着事物发展的趋势加以引导。因：顺应。势：趋势。利导：引导。

有恃无恐

公元前634年，鲁国遭受严重的灾荒。齐孝公趁机亲率大军，浩浩荡荡地前去讨伐鲁国。

鲁僖公自知鲁军无法与齐军抗衡，就急忙派能言善辩的大夫展喜，带着牛羊、酒食去边境迎候齐军。

在齐鲁边界，展喜对赶来的齐孝公说："我们的国君听说大王亲临敝国，特命我前来犒劳齐军。"

齐孝公盛气凌人地说："鲁国人感到害怕了吧？"

展喜不卑不亢地说："那些见识短浅的人可能会有些害怕，但我们的国君和臣子们却一点都不害怕。"

齐孝公鄙夷地说："鲁国已经国库空虚，百姓民不聊生,你们凭什么不害怕呢?"

展喜镇静自若地回答:"我们依仗的是周成王的遗命。当初,鲁国的祖先周公和齐国的祖先吕尚齐心协力辅佐成王,取得太平盛世。周成王让他俩立下盟誓,告诫后代子孙世代友好,互不侵害。你们的先王齐桓公遵守了这个遗命,受到大家一致称赞。而您继位后,诸侯各国都说您一定会继承齐桓公的事业。所以,我们鲁国既没有加筑城墙,也没有组织强兵防守。大家都说:'难道他继位才九年,就会废弃祖先的盟约,来进攻鲁国吗?果真如此,他该如何向先王交代呢?'我们就是凭借着这一点,才不害怕的。"

齐孝公听了展喜的这番话,取消了讨伐鲁国的行动,班师回国。

【释义】

有恃无恐:因为有依靠而不害怕,没有顾忌。恃:依靠。恐:恐惧、害怕。

愚公移山

《列子·汤问》中记载了这样一个故事:

很久以前，在冀州南面，河阳北面，有太行、王屋两座方圆七百里的高山。北山有个叫愚公的老汉，年已九十。他家面山而居，外出须绕山行走，非常不便。愚公就召集全家人说："我和你们一起齐心协力，把大山挖平，使道路能直通豫南，到达汉阴，好不好？"大家纷纷表示赞同。

妻子提出疑问说："以你的力气，连魁父这样的小土坡都挖不掉，更何况太行、王屋这样的大山呢？再说，挖出的土石放在哪里？"

有人提议道："可以把土石挑到渤海边堆起来。"

于是，愚公就带领子孙，挖土敲石，将土石用簸箕装进担子，挑到渤海边上。邻居寡妇有一个刚换牙的小孩，也蹦蹦跳跳地来帮忙。

寒来暑往，无论冬夏，他们挖山不止。

黄河边上有个叫智叟的老头听说了这件事，就笑着来劝阻愚公道："你真是太傻了，以你这把岁数，恐怕连山上的一根草都拔不动了，更别说是移山了。"

愚公长长地叹着气说："你真是一个顽固不化的家伙，还不如寡妇和孩子呢。我虽然活不了多久，但我死了还有儿子，儿子又生孙子，孙子再生儿子，子子孙孙没有穷尽，但山不会再增高，怎么会担心挖不平呢？"

智叟无言以对。

愚公移山的事情传到了天上。玉帝被他的诚心感动，

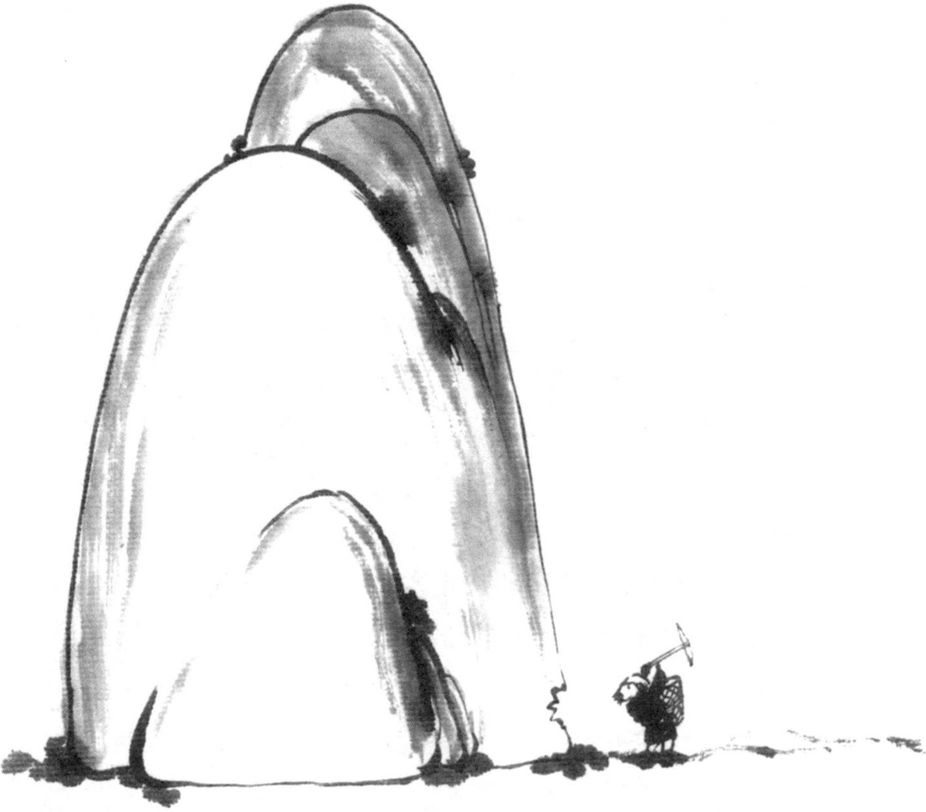

就命夸娥氏的两个儿子背走了这两座山。从此，冀南、汉阴畅通无阻。

【释义】

愚公移山：比喻做事有顽强的毅力，不怕困难。

约法三章

秦末，刘邦率兵攻下咸阳，推翻了秦王朝。汉军进入咸阳后，刘邦原本想入主秦宫，但部下们劝告他不要这么做，以免失去民心。刘邦采纳了这个意见，只留下少数士兵保护秦宫，其他的人全部退到灞上驻扎。

为了安抚民心，刘邦向关中各县的百姓宣布："大家深受秦朝酷刑和苛捐杂税之苦。现在我要废除旧制，实行新法。我和大家约定三条法律：第一，杀人者要被处死；第二，伤人者应该抵罪；第三，抢劫偷盗者也应抵罪。"

刘邦还补充说："从现在起，秦朝的法律全部废除。官吏照常工作，百姓照常生活。我们的部队驻守在灞上，大家不必害怕。"

百姓们听了刘邦的三条法令，都高兴地奔走相告，大家纷纷献上牛羊酒食犒劳汉军。关中的局面很快就安定下来，刘邦也取得了民心，得到百姓的衷心拥护。

【释义】

约法三章：指制定法律，与人民相约遵守。后来泛指订立简单的条款。

月下老人

相传唐朝时候，有一个名叫韦固的人。一天晚上，他在宋城的街上闲逛，看到月光之下有一位老人席地而坐，手里正在翻一本又大又厚的书，身边还放着一个装满了红色绳子的大布袋。

韦固走过去探头一看，发现书上的字他一个也不认得，便好奇地问："老伯伯，您在看什么书呀？"

老人回答："这是一本记载天下男女婚姻的书。"

韦固听了更加好奇，就又问："那您袋子里的红绳子是做什么用的呢？"

老人微笑着对韦固说："这些红绳是用来系男女青年的脚的，不管他们相距多远，哪怕是仇人，只要我将这些红绳系在他们的脚上，他们就一定会相逢或和好，并且结成夫妻。"

说完，老人站起来，带着书和袋子走了。韦固按捺不住好奇，便跟在老人身后。

到了米市，他们看见一个双目失明的妇人抱着一个三岁左右的小女孩迎面走过来，老人对韦固说："这女人手里抱的小女孩便是你将来的妻子。"

韦固以为老人故意戏弄他，十分生气，便命家奴去把那小女孩杀掉，看她将来还会不会成为自己的妻子。

家奴冲上去，刺了女孩一刀，然后就逃跑了。韦固转身要找那老人算账时，老人却已不见了踪影。

一晃十四年过去了，韦固订下了一门满意的婚事，即将举行婚礼。新娘是相州刺史王泰的千金，人长得非常漂亮，美中不足的是眉间有一道疤痕。韦固便问岳父这道伤疤的来历。

岳父气愤地说："十四年前的一天，保姆陈氏抱着她从米市走过时，无缘无故地被一个恶徒刺了一刀，万幸的是没有生命危险，只留下了这道伤疤！"

韦固一听便愣了，紧张地追问道："那保姆是不是双目失明？"

岳父奇怪地反问道："你怎么会知道？"

韦固一时间目瞪口呆，好半天才回过神来。他把十四年前的奇遇和盘托出。岳父听了也觉得不可思议。韦固这才明白月下老人的话，并非戏语。

这个故事流传开来，人们都相信男女姻缘是由月下老人系红绳，加以撮合的。所以，后来人们就把媒人叫作"月下老人"。

【释义】

月下老人：指媒人。也可称为月下老儿、月老。

运筹帷幄

张良是刘邦麾下的重要谋士。在进攻秦军和与项羽交战的过程中，张良为刘邦出谋划策，屡建奇功。他和萧何、韩信并称为"汉兴三杰"。

刘邦当上皇帝后，大摆庆功宴，犒赏文武百官。席间，汉高祖刘邦问群臣："诸位，你们说，为什么我能够取得天下？为什么项羽原本比我实力强，却失了天下呢？"

有大臣说道："这是因为皇上宽心仁厚，对将士论功行赏，所以大家都肯为您效力。而项羽却嫉贤妒能，无视部下的功劳，所以就失了人心，失了天下。"

刘邦笑着说："你们只知其一，不知其二。成功的关键在于用人是否得当。论及在军帐之中出谋划策，决胜千里之外，我不如张良；论镇守城池，安抚百姓，供应粮草，我不如萧何；论统率大军攻无不克，战无不胜，我不如韩信。这三个人皆为盖世俊杰，我善用他们的长处，才是我取得天下的根本原因。而项羽，虽然有一位重要的谋士范增，但却不肯信任他，怎么能够拥有天下呢？"

满座群臣都十分佩服刘邦的高见。后来，张良被封为刘侯。

【释义】

运筹帷幄：在帐幕中谋划军机，常指在后方决定作战方案。筹：谋划。帷幄：古代军营中的帐幕。

Z

朝三暮四

传说战国时期,宋国有一位养猴子的老人,他非常喜欢猴子,宁可自己省吃俭用,从不让猴子挨饿。

时间一长,老人无法负担了,因为猴子很贪吃,老人实在供养不起。于是他决定减少猴子每日的食物。

老人就在喂猴子吃橡子的时候说:"以后,每只猴子早上给三个,晚上给四个。"

猴子们一听,一个个上蹿下跳,尖叫着发起怒来。

老人连忙改口说:"好吧,那就早上给四个,晚上给三个。"

猴子们听了,都高兴得拍起爪子来。它们没想到,这样安排,实际的定量还是七颗。

【注释】

朝三暮四:原比喻聪明人善于使用手段,愚笨的人不善于辨别事情。后来常用来比喻反复无常。

枕戈待旦

东晋时,刘琨和祖逖是一对好朋友,他们曾同为司州主簿。他俩都胸怀大志,准备报效国家。那时候,他俩同吃同住,每天清晨,一听到鸡叫就起床舞剑,练习武艺。

后来,祖逖先被朝廷任用,当上了将军。他领兵北伐,抵御外族入侵,立了大功。

刘琨得知祖逖受到重用,立下战功后,心情无比激动。他给亲友写信说:"我常常'枕戈待旦'(头枕着武器等待天亮),立志杀敌报国,唯恐在这方面祖逖领先于我,我落在他的后面。"

【注释】

枕戈待旦:枕着兵器等待天亮,形容时刻警惕敌人,准备作战。戈:古代一种兵器。旦:早晨。

郑人买履

郑国有个人想买一双鞋。他先在家里找了根绳子,量好了自己脚的尺寸,然后就去集市上去买鞋。等选好了鞋后,他想比比大小是否合适,这时他发现量好尺寸的绳子忘记带来了。于是他急忙赶回家去取。

等他拿着绳子再跑回来时,集市已经散了,卖鞋的也回家了。鞋子没买成,这个人十分懊恼。

别人听说这件事后,对他说:"既然是给你自己买鞋,你用脚试试不就行了吗?"

但他却固执地说:"我只相信量好的尺寸。"

【注释】

郑人买履:讽刺不顾实际情况、只相信教条的人。履:鞋。

知彼知己

孙武,字长卿,春秋时期著名的军事家。他的《孙子兵法》是我国最早、最杰出的军事理论著作。书中提出了许多有关军事方面的卓越见解。

孙子在这部著作的《谋攻篇》里这样写道:"知彼知己,百战不殆。不知彼而知己,一胜一负。不知彼不知己,每战必殆。"意思是说:既熟悉自己的情况,又熟悉对方的情况,身经百战都不会失败;只熟悉自己的情况,而不熟悉对方的情况,胜负的可能性各占一半;既不熟悉对方的情况,也不熟悉自己的情况,每一仗都必然要失败。

孙武的这一军事思想对人们的生活实践有着广泛的指导意义。只有对主客观情况都有透彻的了解,做事情才能获得成功。

【注释】

知彼知己:指对自己的情况和对方的情况都有透彻的了解。

指鹿为马

秦始皇病死后,赵高假传圣旨,立胡亥为帝,自己则当了丞相,独揽大权。

赵高怕群臣对他不服,就做了一个测试。

一天,赵高上朝时,把一头鹿牵到殿上,对秦二世说:"臣敬献给陛下一匹千里马。"

秦二世惊奇地说:"这明明是鹿,你怎么说是马呢?"

赵高就问大臣们:"你们说,这到底是马还是鹿?"

大臣们的反应各不相同。有的人惧怕赵高的权势,不敢作声;有的则为了讨好赵高,说这就是马。但其中有一位性格耿直的大臣毫不畏惧地站出来说:"这是鹿,不是马。"

没过多久,这位说实话的大臣就遭到了赵高的暗算。从此,满朝文武更加害怕赵高了。

【注释】

指鹿为马:指着鹿,说是马。比喻故意颠倒是非、混淆黑白。

纸上谈兵

战国时期，赵国名将赵奢的儿子赵括，聪明好学。他受父亲影响，从小就熟读兵书，善于谈论用兵之道，就连赵奢都讲不过他。赵括的母亲见儿子如此聪明，很是欣慰。赵奢却认为儿子不过只会纸上谈兵，他对妻子说："将来赵国不用赵括做将领也就罢了，如果让他领兵打仗，必定使赵国大败。"

后来，秦国进攻赵国。老将廉颇根据敌强我弱的情况，制订了以守为攻的策略，遏制了秦军的进攻势头，秦、赵两军在长平陷入僵持。急于取胜的秦国就使出离间计，派人去赵国撒布谣言，说廉颇老而无用，不敢进攻。秦国真正害怕的是赵括。

赵王听信了谣言，决定派赵括代替廉颇。蔺相如反对说："赵括只会读父亲留下来的几本兵书，不会随机应变。"可赵王不听劝阻，仍然任命赵括为主将。

赵括一到长平战场，就更换了号令，撤换了将领，军心浮动，秩序混乱。秦国大将白起趁机发动袭击，然后佯败逃跑。赵括不知是计，派兵追击，结果陷入秦军的重重包围。赵括在突围时被乱箭射死了，赵国的四十万军队也都做了秦军的俘虏,并且全被活埋。

长平之战成为战国时期最惨烈的战事之一。

【注释】

纸上谈兵:在纸面上谈用兵策略。比喻不联系实际情况,夸夸其谈。

中流砥柱

春秋时,齐国有三位勇士,公孙接、田开疆和古冶子。大臣晏子怕他们三个犯上作乱,就设了一计,由齐景公赐给他们两个桃子,让他们自己论功吃桃,以使他们为争功而自相残杀。

果然,三勇士各表功劳,争论不休。公孙接说自己曾接连打死过野猪和老虎;田开疆说自己两次打败过敌人;古冶子说自己随国君横渡黄河时,一只乌龟咬住驾车的马,"入砥柱之中流"(到黄河中间水势最急的砥柱山附近去了),是他在水中顶着逆流走了百余步,又顺水潜行八九里,终于杀死乌龟、救出马车,论功应该他吃桃……

【注释】

中流砥柱：指像砥柱山一样屹立于黄河的急流中。比喻能担当重任、支撑危局的英雄人物。中流：河流中央水势最急的地方。砥柱：黄河中的石山。

忠言逆耳

公元前207年，刘邦率军大破咸阳后，进入秦宫。看到华丽的宫殿、琳琅满目的珠宝、美艳的宫女，刘邦心生享乐的念头。大将樊哙劝谏他，他只当作耳旁风。

谋士张良知道了这件事，就对刘邦说："秦王无道，百姓造反，打败了秦军，沛公您才能来到这里。您为天下百姓除掉了暴君，理应克勤克俭。可如今刚入秦地，您就贪图享乐了。俗话说：'忠言逆耳利于行，良药苦口利于病。'希望沛公您能听从樊哙的忠告。"

刘邦听了张良的这番话，终于醒悟，随即率军返回灞上。

【注释】

忠言逆耳：诚恳正直的劝告，往往让人听起来不舒服。逆耳：听起来不舒服。

众叛亲离

春秋时，卫国的州吁杀死了兄弟卫桓公，篡位成为国君。他对内残酷剥削百姓、滥杀无辜；对外穷兵黩武、实行侵略。因此民心大失，无论国内还是国外，人们都很恨他，以致众叛亲离。

篡位不到一年，州吁就陷入孤立，难以维持统治，于是只好向元老大臣石碏讨教。正直的石碏知道这是一个为民除害的好机会，就设计教州吁去向周王朝讨封，以增加威望。州吁依计行事，可等他到了陈国时，石碏就联合陈国把他捉住杀了。

【注释】

众叛亲离：众人背叛，亲信离弃。形容不得人心，完全孤立。叛：背叛。离：离开。

众志成城

春秋时，周景王废止了当时流通的小钱，改铸大钱。老百姓蒙受了很大的损失，怨声载道。

过了两年，周景王又做出劳民伤财的事情，下令将民间的铜器搜集起来，铸成大钟。

周景王派人铸的大钟发出的钟声非常好听，他邀请反对铸钟的司乐官来欣赏。

司乐官对周景王说："你铸钱造钟，弄得百姓叫苦连天，大家是不会喜欢这钟声的。俗语说：'众心成城，众口铄金'，大家万众一心，什么事情都能办成；相反，如果大家都反对，金子也会在大家口中熔化。"

后来人们多把"众心成城"写为"众志成城"。

【注释】

众志成城：万众一心，坚如城墙。形容团结一致，就能克服困难，取得成功。

自惭形秽

晋朝时，有个名叫王济的骠骑将军。他仪表堂堂，能文能武，远近闻名。

有一年，王济的外甥卫玠前来投奔他。卫玠长得眉清目秀，英俊潇洒。王济一见，惊讶不已，禁不住对卫玠的母亲说："别人都说我仪表出众，但我和外甥一比，就像石头与明珠放在一起，真是太难看了。"

王济带着卫玠去走亲串友。他们骑马走在街上时，行人争相围观，都说卫玠简直是白玉雕成的。一时间，道路堵塞，全城轰动。

他俩好不容易穿过簇拥的人群，来到亲戚家。大家都想看看卫玠除了漂亮的外表，是否还有不凡的才学，于是就请他当众讲解玄理。

卫玠不便推辞，便开始讲起来。没讲多久，在场的人都大为折服，夸赞他讲解得精深透彻。大家都笑着对王济说，王家的子弟比不过卫家的儿郎。王济说："是啊，和我这个外甥走在一起，就像是身边有一颗熠熠发光的明珠一般，使我自感形态丑陋，羞愧难当。"

【释义】

自惭形秽：原指羞愧自己的容貌举止不如别人，后来泛指与人相比，自愧不如。形秽：形态丑陋。

自相矛盾

古时候，楚国有个卖矛和盾的人。他吹嘘自己的矛说："我的矛最锋利，什么东西都能刺穿。"

过了一会儿，他又夸耀自己的盾："我的盾最坚硬了，什么武器都不能刺透它！"

于是，旁边有人问他："如果用你的矛去刺你的盾，会怎么样呢？"

这个人瞠目结舌、无言以对，只好灰溜溜地走了。

【释义】

自相矛盾：比喻自己的言行前后互相抵触。